이청  김현지  유은정  김수진

# 단계단계
## 배우는
# 글쓰기

# 단계단계 배우는 글쓰기

초판 1쇄 발행 · 2020년 3월 15일
초판 3쇄 발행 · 2024년 2월 28일

지은이 · 이청, 김현지, 유은정, 김수진
펴낸이 · 한봉숙
펴낸곳 · 푸른사상사

편집 · 지순이 | 교정 · 김수란
등록 · 1999년 7월 8일 제2-2876호
주소 · 경기도 파주시 회동길 337-16(서패동 470-6)
대표전화 · 031) 955-9111~2 | 팩시밀리 · 031) 955-9114
이메일 · prun21c@hanmail.net
홈페이지 · http://www.prun21c.com

ⓒ 이청 · 김현지 · 유은정 · 김수진, 2020

ISBN 979-11-308-1582-4   03710
값 13,000원

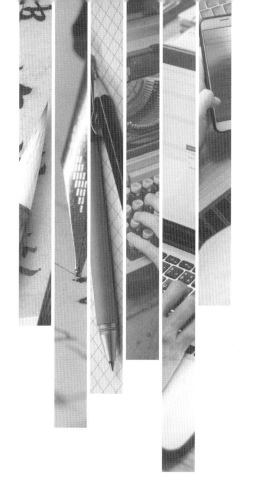

이청 김현지 유은정 김수진

# 단계단계
## 배우는
# 글쓰기

푸른사상
PRUNSASANG

## 미션 시작에 앞서

붓과 먹, 만년필과 잉크, 연필, 볼펜, 타자기, 키보드와 모니터, 스마트폰…

글을 쓰는 데 도구는 중요하지 않습니다. 중요한 것은 쓰고자 하는 마음입니다. 가볍게 노래를 흥얼거리는 기분으로 쓸 수도 있고 진지하게 쓸 때도 있습니다. 또 억지로, 어쩔 수 없이 써야 하는 글도 있지요. 어떤 경우든 글을 쓰려는 사람의 진심이 중요합니다. 누군가가 한 편의 글로 자신을 증명해야 하는 상황을 맞았다고 가정해 보세요. 절로 절실한 마음을 갖게 될 것입니다. 사회생활은 사실 그런 절실함의 연속입니다.

그런데 일시적으로 또는 순간적으로 힘을 낸다고 해서 글이 잘 써지지는 않습니다. 글은 생각을, 생각은 시간을 담고 있기 때문입니다. 짧든 길든 시간을 들여 준비하고 다듬는 과정을 거쳐야 비로소 켜켜이 쌓인 생각의 결을 잘 살려 낼 수 있습니다. 빨리 쓰려고 서두르거나 잘 쓰려고 욕심내지 말고 그저 처음부터 끝까지의 단계들을 거쳐 한 편의 글을 완성해 보세요. 소소한 완료의 성공이 자신감이 되고, 자신감은 실력으로 연결됩니다.

이 책은 글이 완성되어 가는 과정의 단계와 순서를 중심으로 구성했습니다. 무엇을 어떻게 써야 할까 고민만 하지 말고 우선 한 계단을 올라 보세요. 그런 뒤 다음 계단을 오를 방법을 생각하면 되니까요. 단 한 걸음이라도 내딛는 데 의미가 있습니다. 스탬프 투어를 떠나는 기분으로 한 단계의 미션을 완료하고 그다음 단계로 건너가 보세요. 그러다 보면 어느새 미션을 완료해 한 편의 멋진 글이 손에 들려 있을 겁니다.

이 책의 첫 번째 단계에서는 흰 종이를 혹은 빈 화면을 앞에 두고 있는 상태에서 글쓰기를 어떻게 시작할 수 있을까 고민합니다. 백지 공포는 누구에게나 찾아옵니다. 그 공포를 이겨 내는 사람과 그렇지 않은 사람을 가르는 것은 오직 용기뿐입니다. 용기를 내세요. 그러면 자신을 옭아매었던 '못할 거야'라는 굴레를 벗어나 자유로워질 수 있습니다.

두 번째 단계에서는 본격적으로 단계단계의 글쓰기 과정들을 소개하고 글을 완성할 수 있도록 안내합니다. 누가 읽을지, 무엇을 쓸지, 어떻게 쓸지 등을 고민하여 살을 붙이고 형태를 갖추면서 자신이 처음 의도했던 바를 이룰 수 있도록 매만지는 과정입니다. 마지막에 이르러 독자가 작성자의 생각에 공감하고 동의한다면 성공적인 글을 쓴 셈입니다.

세 번째 단계에서는 두 번째 단계에서 확인했던 내용을 바탕으로 직접 글쓰기를 연습합니다. 자기소개서, 학술적 에세이, SNS 글쓰기, 감상문 등 실용적인 글 위주로 연습하여 실질적인 도움을 얻도록 했습니다. 학교에서 그리고 사회에서 쓰는 글쓰기는 대부분 공적인 행위이자 결과물입니다. 그러니 자신의 감정과 생각을 바르고 정확하게, 나아가 체계적이고 논리적으로 표현할 수 있도록 연습해야 합니다.

네 번째 단계는 쓴 글을 다시 살펴보는 과정입니다. 자신이 쓴 글을 고치는 일이 쉬울 리 없습니다. 객관적 거리 확보가 어렵고, 무엇보다 이미 읽은 것을 여러 차례 또 읽자니 귀찮습니다. 그러나 이 단계의 인내가 최종적인 글의 완성도를 책임진다고 믿어도 좋습니다. 주제부터 전반적인 방향, 세부적인 흐름, 소소한 표기까지 방심하지 말고 꼼꼼히 검토하세요. 실수하지 않는 것도 능력입니다.

이 네 단계를 통해 한 편의 글이 시작되고 전개되며 결국엔 완성됩니다. 여전히 글쓰기가 겁난다면 이 책의 스텝들을 하나의 미션으로 여기고, 각각의 과정을 거칠 때마다 스스로의 능력치가 높아지는 레벨업을 이룬다고 생각해 보세요. 글쓰기도 재미있게 그리고 즐겁게 수행할 수 있습니다. 미션을 완료하는 순간 분명 어렵고 막막하게 느껴졌던 글쓰기가 달리 느껴질 것입니다.

2020년 2월
저자들

# 차례

■ 미션 시작에 앞서     004

## STEP 1 글쓰기를 시작해 볼까요?

어렵다고 겁먹지 말아요 : 오리엔테이션     011

누구나 마구마구 쓸 수 있어요 : 글쓰기 준비     015

## STEP 2 글쓰기의 계단을 올라가 볼까요?

누가 읽을지 고민해 보아요 : 독자 분석     023

무엇을 쓸까 결정해 보아요 : 주제 선정     033

글의 얼굴! 제목을 붙여 보아요 : 제목 짓기     041

재료를 준비해 볼까요 : 자료 수집     047

지킬 건 지켜요 : 글쓰기 윤리     056

어떻게 인용할까요? : 인용의 형식     061

서론 · 본론 · 결론! : 내용 구성     071

글의 설계도를 만들어 보아요 : 개요 작성     083

단계단계 배우는 글쓰기

## STEP 3 글쓰기를 연습해 볼까요?

'나'를 소개해 보아요 : 자기소개서      097

생각을 표현하고 나눠 보아요 : 감상문      115

누구나 '연구'할 수 있어요 : 학술적 에세이      123

편지도 형식이 있어요 : 이메일 쓰기      126

스마트 시대의 필수 능력! : SNS 글쓰기      131

## STEP 4 다 쓴 글, 다시 살펴볼까요?

원석을 보석으로 만들어 보아요 : 고쳐 쓰기      137

지켜보고 있다, 방심은 금물! : 표절 검사      150

■ 끝난 줄 알았죠? 부록도 있어요      153

# 글쓰기를 시작해 볼까요?

# 어렵다고 겁먹지 말아요 오리엔테이션

글쓰기는 누구에게나 어렵습니다. 글쓰기를 좋아하는 사람, 글쓰기를 직업으로 가진 사람들도 글쓰기를 쉽다고 여기지 않습니다. 쓰는 사람의 지식, 감정, 태도 등이 모두 글에 담기기 때문에 자신을 드러내기 두려워하는 사람은 더더욱 글쓰기에 거부감을 크게 느낍니다.

글쓰기는 완벽할 수 없습니다. 누구나 다르게 생긴 것처럼 모두가 다양하게 글을 쓸 수 있습니다. 어떤 분야의 전문가가 되려면 최소한 일만 시간을 투자하여 훈련하는 과정이 필요하다는 이야기를 들어 보셨을 겁니다. 글쓰기 분야의 전문가를 목표로 삼지 않더라도 시간을 들여 연습을 거듭한다면 분명 더 잘 쓰게 됩니다.

글은 타고난 재능이 있어야 쓸 수 있는 것이 아닙니다. 왜냐하면 글의 종류는 많고, 대부분의 글은 천재들만 접근할 수 있는 유형과는 거리가 있기 때문입니다. 오히려 대학생과 더 관련이 깊은 것은 학교에 다니는 동안 공부한 내용을 정리하기 위해 쓰는 글, 일상적이고 실용적인 글들입니다.

누구나 글을 잘 쓸 수 있습니다. 다만 그 단계에 이르기 위해 바른 방법을 익히고 충분한 연습을 해야 합니다. 영화 평점을 매기는 어플리케이션 '왓챠(WATCHA)'는 감상자의 평점을 모아 분석합니다. 데이터가 모이면 감상자의 취향이 드러나고, 그에 따라 감상자에게 어울리는 영화를 추천하지요.

이 원리는 글에도 적용할 수 있습니다. 많이 쓰다 보면 작성자의 스타일이 드러납니다. 그리고 그것을 파악하면 조금 더 쉽고 편하게 자신의 스타일에 어울리는 글을 작성할 수 있게 되는 것이지요. 그 단계에 이르기 위해서 필요한 글을 열심히 연습해 보세요. 글쓰기에 바친 노력은 여러분의 대학 생활 기간은 물론이고 졸업 이후에도 큰 자산이 될 것입니다.

**글쓰기 태도 점검을 위한 설문에 응답해 주세요.**

글쓰기 태도 점검

다음은 글쓰기에 대한 여러분의 생각을 파악하기 위한 조사입니다. 성실히 작성해 주세요.

학과                        학번                     이름

- 최근에 어떤 글을 주로 썼습니까?

- 가장 기억에 남는 글쓰기 경험은 무엇입니까?
  (그 글은 언제, 왜, 무엇 때문에 쓰게 되었습니까?)

- 〈글쓰기〉 수업을 통해 특히 어떤 부분이 향상되기를 원합니까?

- 글쓰기가 어렵다면 어떤 점 때문이라고 생각합니까?

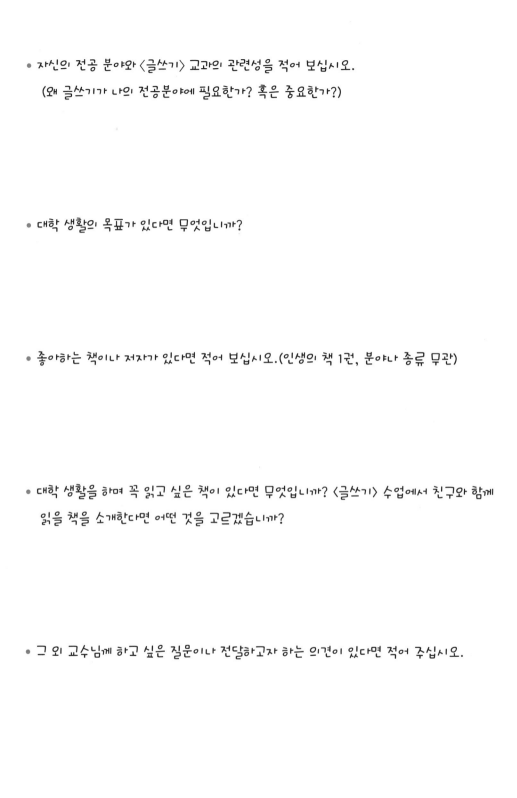

● 자신의 전공 분야와 〈글쓰기〉 교과의 관련성을 적어 보십시오.

  (왜 글쓰기가 나의 전공분야에 필요한가? 혹은 중요한가?)

● 대학 생활의 목표가 있다면 무엇입니까?

● 좋아하는 책이나 저자가 있다면 적어 보십시오.(인생의 책 1권, 분야나 종류 무관)

● 대학 생활을 하며 꼭 읽고 싶은 책이 있다면 무엇입니까? 〈글쓰기〉 수업에서 친구와 함께

  읽을 책을 소개한다면 어떤 것을 고르겠습니까?

● 그 외 교수님께 하고 싶은 질문이나 전달하고자 하는 의견이 있다면 적어 주십시오.

# 누구나 마구마구 쓸 수 있어요 글쓰기 준비

**1. 동료들에게 자기소개를 해 봅시다.**

나를 소개한 말

## 2. 동료들과 이어 글쓰기를 해 봅시다.

→

→

→

→

→

→

→

→

→

→

→

→

→

→

우리가 대학 생활, 더 나아가 사회생활을 하는 데 필요한 글쓰기 역량을 키우기 위해서는 먼저 글쓰기에 대한 막연한 부담감, 두려움, 어려움을 덜어 내야 합니다. 이를 위한 대표적인 방법으로 '자유롭게 쓰기'가 있습니다. 자유롭게 쓰기는 말 그대로 자유롭게 쓰는 것입니다. 시간을 정해두고 생각이 떠오르는 대로 글로 옮기는 것입니다. 글을 쓰다가 멈추어서는 안 됩니다. 엉뚱하든 맥락에 맞지 않든 있는 그대로 써야 합니다. 우리는 일상에서도 자유롭게 쓰기를 합니다. 고민이 있거나, 일이 내 마음대로 풀리지 않을 때 종이 또는 휴대폰 메모장에 자신의 마음 상태를 끄적인 경험이 한 번쯤은 있을 것입니다.

우리 모두는 '생각'을 하면서 살아갑니다. '도대체 왜 이렇게 생각이 끊이질 않는 거지?' 싶을 만큼 하루 종일 잡다한 생각에 사로잡혀 있습니다. '자유롭게 쓰기'는 그 생각을 내 머릿속에서 끄집어내는 활동입니다. 예를 들어, '오늘 점심으로 무엇을 먹을 것인가?'에 대한 생각을 그대로 글로 옮기는 것입니다. '자유롭게 쓰기'의 방법은 다음과 같습니다.

① 쓸 것을 준비한다. (종이, 펜, 휴대폰 등)
② 시간을 정한다.
③ 생각나는 대로 쓴다.

굉장히 간단합니다. 자유롭게 쓰기는 글쓰기의 형식적인 느낌이 주는 부담감은 줄이면서, 자신을 막힘없이 글을 쓸 수 있는 사람으로 만들어 주는 의미 있는 활동입니다. 자유롭게 쓰기에서는 '어떤 말을 쓸까?' 망설이는 나도, '이렇게 써도 되나?' 고민하는 나도 없습니다.

# ▰ 활동

**다음의 주제 중 하나를 택하여 10분 동안 자유롭게 글을 써 봅시다.**

- 신이 실패하지 않을 것을 보장한다면 선택하고 싶은 일

- 나에게 주어진 시간이 단 하루라면

- 생의 마지막에 먹고 싶은 음식

- 버리고 싶은 것

- 가장 소중한 것

학과                    학번                    이름

# 글쓰기의
# **계단**을 올라가 볼까요?

# 누가 읽을지 고민해 보아요

모든 글은 '독자'가 있다? 맞습니다. 모든 글은 독자가 있습니다. 글을 쓰는 이유는 '의사소통'을 하기 위해서입니다. 글로 다른 사람과 소통을 하기 위해서는 내 글을 읽을 사람이 어떤 사람인지 고려해야 합니다. 이 장에서는 독자에 따라 달라지는 것이 무엇인지 파악해 보도록 합시다.

## SNS에 글과 사진을 올릴 때 어떤 생각을 하나요?

- 목적 :

- 공개 범위 :

- 기대 효과 :

여러분이 위에 쓴 목적, 공개 범위, 기대 효과가 바로 우리가 공부할 독자 분석과 관련이 있습니다. 독자 분석이 잘 된 경우라면 '좋아요'나 댓글의 수가 많을 것입니다. 하지만 독자 분석이 잘못되었다면 그렇지 않겠지요. 이렇게 독자 분석은 SNS에서뿐만 아니라 보고서, 자기소개서, 기획안, 주장하는 글, 사용 설명서 등 모든 글쓰기에서 반드시 고려해야 할 사항 중 하나입니다.

독자 분석을 할 때 고려해야 할 사항에는 독자의 연령, 사회적 배경, 지식 수준, 담화 공동체 등이 있습니다. 이러한 것은 '조사'를 통해서도 알 수 있으니 글을 쓰기 전에 미리 알아보는 것이 좋습니다. 글을 쓰면서는 글쓴이인 '나', 내가 쓴 글, 독자와의 관계에 대해 생각해 보아야 합니다. 글의 주제와 예상 독자와의 관계를 고려해야 합니다. 내가 쓰려는 내용을 예상 독자에게 전달할 수 있는 가장 적합한 글의 종류와 문체는 무엇이며, 예상 독자가 내 글에서 기대하는 바가 무엇인지에 따라 글의 내용을 구성해야 합니다. 여기에 독자가 어떤 '담화 공동체'에 속해 있는지도 생각해야 합니다. 이처럼 독자는 글쓰기의 전 과정에서 고려해야 하는 대상입니다. 그렇다면 보고서를 쓸 때에는 어떻게 해야 할까요?

## 보고서를 쓸 때 고려할 것들

● 글의 주제 :


● 예상 독자 :


● 예상 독자가 글에서 기대하는 바 :


● 담화 공동체 :

# ◾ 예시

어떤 글이든 독자를 염두에 두고 씁니다. 아래 예문은 각각 어떤 독자를 염두에 두고 썼을까요? 독자에 따라 무엇이 달라졌는지 생각하며 읽어 봅시다.

## KDI 경제동향보고서 '소비' 항목

소비자심리지수가 상승하고 소매판매의 부진이 부분적으로 완화되었으나, 소비 관련 서비스업 생산은 낮은 수준에 머무름. 10월 소매판매액은 전월(3.1%)보다 소폭 낮은 2.1%의 증가율을 기록하였으나, 일시적 요인을 제외할 경우 최근의 흐름을 이어 가고 있음.

−유형별로는 내구재와 비내구재가 각각 4.6%와 4.7% 증가하였으며, 준내구재는 의복을 중심으로 5.7%의 증가율을 나타냄.

* 준내구재의 부진은 10월 평균 기온이 전년도에 비해 3도가량 상승하면서 겨울 의복 판매가 감소한 데 따른 것으로 판단됨. 서비스업 생산은 0.7%의 증가율을 기록하며 전월(1.0%)에 비해 증가폭이 축소.

−보건 · 사회복지업(6.3%)이 높은 증가세를 나타내었으나, 도소매업(−1.5%), 숙박 · 음식점업(−0.6%), 금융 · 보험업(−0.3%) 등은 감소함. 11월 소비재수입*이 4.7% 감소하였으나, 소비자심리지수가 전월(98.6)보다 2.3p 상승한 100.9를 기록하며 3개월 연속 상승하는 모습.

* 소비재수입은 소비재수입액을 전월의 소비재 수입물가지수로 실질화한 수.

『KDI 경제동향보고서』 2019. 12, 4쪽.

독자 분석 누가 읽을지 고민해 보아요

## GMO에 대한 설명(학생글)

유전자 변형 농산물이 무엇인지 언니가 설명해 볼게~ 일단 유전자라는 것이 뭐냐 하면 네가 엄마, 아빠한테서 물려받은 선물 같은 거야. 엄마, 아빠가 주신 선물은 친구 들마다 다르겠지? 그 유전자 덕분에 너는 친구들과 다른 눈, 코, 입, 몸을 가지게 된 거야. 이런 유전자는 사람뿐만 아니라 식물, 동물들도 다 가지고 있어. 선물은 사람만 받으면 섭섭할 테니까 공평하게 다 받는 거지.

그런데 이렇게 받은 선물인 유전자를 더 좋은 것으로 바꾸고 싶어서 사람들이 연구 를 하기 시작했어. 한 가지 예를 들어 볼게. 옥수수 좋아하지? 이 옥수수가 가지고 있 는 유전자로는 벌레들에게 쉽게 공격당하고 몸이 약해서 쉽게 병에 걸리고 우리에게 더 좋은 에너지를 주지 못해. 그래서 이 유전자를 바꿔서 벌레들하고 잘 싸우고, 쉽게 병에 걸리지 않도록 했어.

이렇게 원하는 대로 만들기 위해 받은 선물을 바꾸는 것을 유전자 변형이라고 해. 하지만 이렇게 받은 선물을 바꾸는 것은 위험하기도 해. 엄마 아빠한테 받은 소중한 선물을 마음대로 바꾸는 것은 좋지 않겠지? 그래서 지금 우리나라에서는 유전자 변 형 농산물에 대한 규칙이 있고, 팔 때는 '유전자 변형 농산물'이라는 표시를 하도록 했 단다.

이것만은 기억하세요!

어떤 글이든 '독자'는 있습니다.

글은 언제나 '독자'를 염두에 두고 써야 합니다.

## ▰ 활동

### 독자를 정해 글을 써 봅시다

　할머니께서 스마트폰으로 '팟캐스트'의 좋은 의학 채널을 구독하여 정보를 얻고 싶다고 하셨습니다. 건강 보험 관리 공단에서 런칭한 '건강e쏙쏙'을 듣고 싶은데 방법을 모르겠다고 하시며 여러분에게 어떻게 하면 되는지 알려 달라고 합니다. 할머니께서 해당 팟캐스트에 접근할 수 있는 경로를 설명하는 글을 작성해 봅시다. 작성을 마치면 할머니께서 유용한 건강 정보를 얻으실 수 있게 글을 전송하세요.

### 지식의 저주 "실험"을 해 봅시다!

지식의 저주

독자 분석  누가 읽을지 고민해 보아요

**연습해 봅시다**

다음은 한 포털 사이트에서 서비스하고 있는 시사 상식 사전에 실린 '반려동물 등록제'에 대한 내용입니다. 6살인 아이가 이해할 수 있도록 아래의 내용을 빠짐 없이 전달하는 글을 써 봅시다. (바꿔 쓴 글의 순서는 아래 글의 순서와 같지 않아도 됨)

---

### 반려동물 등록제

동물보호법에 따라 동물 보호와 유실, 유기 방지를 위하여 주택·준주택 또는 이 외의 장소에서 반려의 목적으로 기르는 3개월령 이상의 개는 반드시 지방자치단체에 동물등록을 해야 한다. 동물등록제는 2014년 1월 1일부터 시행됐으며, 등록을 하지 않을 경우 100만 원 이하, 변경 신고를 하지 않을 경우 50만 원 이하의 과태료가 부과된다.

동물등록제에 따라 반려동물로 기르는 개는 3개월령이 되는 날부터 30일 이내에 지자체에 등록해야 하며, 3개월령 이하인 경우에도 등록할 수 있다. 동물등록은 시·군·구청 및 등록대행기관(동물병원, 동물보호단체, 동물보호센터 등)에서 접수가 가능하며, 등록 신청이 완료되면 동물병원에서 내장형 무선식별장치(마이크로칩) 개체 삽입을 받게 된다. 마이크로칩은 체내 이물 반응이 없는 재질로 코팅된 쌀알 크기의 의료기기로, 개 양쪽 어깨뼈 사이의 피하에 주입한다. 시술을 원치 않는다면 외장형 무선식별장치 또는 등록인식표를 부착할 수도 있다. 이 과정까지 마치면 동물등록증이 발급된다. 외장형 무선식별장치 및 등록인식표는 해당 동물이 기르던 곳에서 벗어나는 경우 반드시 부착하고 있어야 한다.

동물등록 후에 등록된 동물을 잃어버린 경우 10일 이내에 변경 신고를 해야 한다. 또 보호자의 주소나 연락처가 바뀐 경우, 소유주가 변경된 경우, 등록된 반려견 분실 신고 후 그 동물을 다시 찾은 경우, 등록된 동물이 사망한 경우, 무선식별장치나 등록 인식표를 잃어버리거나 헐어 못 쓰게 되는 경우에는 30일 이내에 변경 신고를 해야 한다. 변경 신고는 동물보호관리시스템(www.animal.go.kr)에서 온라인으로 할 수 있다.

pmg 지식엔진연구소, 『시사상식사전』, 박문각.

학과                    학번                    이름

# 비교·대조

비교(比較)는 둘 이상의 대상을 견주어 유사점과 차이점을 중점적으로 다루는 서술 방법입니다. 차이점을 강조하는 서술을 특별히 대조라고 부릅니다. 이때 유사점이나 차이점은 구체적으로 제시하는 것이 좋습니다. 또 독자들이 이미 잘 알고 있을 만한 점을 비교 기준의 항목으로 선택하면 효과적입니다. 대상들을 비교하는 데는 두 가지 방법이 있습니다. 대상을 비교하는 방법과 대상들 간의 기준을 비교하는 방법이 그것입니다. 전자를 일괄 비교, 후자를 요목 비교라는 이름으로 부릅니다. 비교를 조금 더 쉽게 서술하는 방법은 비교 대상과 비교 기준을 명확히 정리하여 만든 표를 활용하는 것입니다. 비교 기준이 되는 항목은 대상에 공통적으로 적용하여 누락되지 않도록 합니다. 또 서술의 순서나 분량 등을 일관되게 맞추는 것도 요령입니다.

예 유인원 중 오랑우탄은 수명이 30년 정도지만 고릴라는 40~50년, 침팬지는 60년 가까이 된다. 또 침팬지가 잡식성 식성을 가진 데 비해 고릴라와 오랑우탄은 초식 동물이다. 고릴라, 오랑우탄, 침팬지 순으로 지능이 높다. 침팬지는 지능이 높은 것 외에도 지문이 있다는 특이점이 있으며, 오랑우탄은 거의 나무 위에서만 지낸다는 것이 특징이다. 고릴라는 혈액형이 A형 또는 B형 둘 중 하나라는 점을 특기할 수 있다.

## 비교 대상을 정해 볼까요?

- 우리 학과 vs _____

- 손흥민 vs _____

- 짜파구리 vs _____

독자 분석 누가 읽을지 고민해 보아요

비교해 볼까요?

- 기숙사 생활과 자취 생활

- 구글 번역기와 파파고

- 프라이드 치킨과 양념 치킨

모소대나무

#대학생   #글쓰기   #주제   #제목

최근에 자신이 찍은 사진 중 SNS에 업로드하고 싶은 것을 선택하여 게시물을 작성해 보세요.

#

글을 쓰기 위해서 가장 먼저 해야 할 일은 '무엇'에 대하여 쓸 것인지 정하는 것입니다. 즉 주제를 정해야 합니다. 주제 정하기는 자신이 글을 통해 드러내고자 하는 바가 '무엇'인지, 독자가 글을 읽음으로써 '무엇'을 알거나 느꼈으면 하는지를 분명하게 하는 과정입니다.

글쓰기에 서툰 사람들은 화제를 주제 삼아 글을 쓰기도 합니다. 화제는 광범위하고 포괄적인 글감일 뿐입니다. 화제를 구체화하는 과정을 통해 다루려는 내용의 범위를 정해야 합니다. 그렇지 않으면 추상적이고 일반적인 내용의 글이 나올 수밖에 없습니다. 주제를 정해야 명확하고 깊이 있는 글을 쓸 수 있습니다.


## 1. 주제 구체화 방법

글감을 구체화하는 방법에는 브레인스토밍, 마인드맵 등이 있습니다. 글감과 관련된 생각을 자유롭게 나열한 후, 비슷한 것들끼리 묶거나 상ㆍ하위 범주로 나누는 등의 분류 과정을 거쳐 다루고 싶은 내용을 골라내면 막연했던 글감을 주제로 구체화할 수 있습니다.


## 2. 주제 선정 시 고려할 점

주제를 정할 때에는 '글쓴이', '독자', '상황'을 고려해야 합니다.

| 글쓴이 | 글쓴이가 흥미와 관심이 있는 것 |
| --- | --- |
| | 글쓴이의 능력으로 감당할 수 있는 것 |
| 독자 | 독자가 흥미와 관심을 가질 만한 것 |
| 상황 | 분량, 제출 기한 등에 부합하는 것 |

## 3. 주제문 작성과 주제문의 요건

주제를 정하고 나면 주제문을 작성해야 합니다. 주제문은 글감을 구체화한 주제에 자신의 의견, 태도 등을 밝힌 글의 중심 문장입니다. 주제문 작성의 요건은 다음과 같습니다.

- 주제에 대한 글쓴이의 관점이 명확하게 드러나야 한다.

- 주어와 서술어를 갖춘 완전한 문장 형태여야 한다.

- 평서문이어야 한다.

- 뒷받침할 수 있는 확실한 근거가 있어야 한다.

## 4. 주제문 작성의 절차

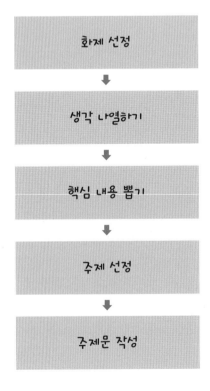

# ■ 예시

| 화제 | 대학 생활 |
|---|---|
| 생각 나열하기 | 동아리, 학과, 전공, 교수님, 미팅, 술, 후문, 공모전, 교환학생, 시험, 학점, 캠퍼스, 건물, 잔디밭, 운동장, 계단, 동기, 친구, 통학, 기숙사, 밥 … |
| 핵심 내용 뽑기 | 미팅, 술, 후문, 캠퍼스, 건물, 잔디밭, 밥 |
| 주제 선정 | 교내 잔디밭에서 음식을 먹는 것이 캠퍼스 환경에 미치는 영향 |
| 주제문 작성 | 캠퍼스 내 쾌적한 환경 조성을 위하여 잔디밭에서 음식물을 섭취하는 것을 금지해야 한다. |

| 화제 | 대학 생활 |
|---|---|
| 생각 나열하기 | 동아리, 학과, 전공, 교수님, 미팅, 술, 후문, 공모전, 교환학생, 시험, 학점, 캠퍼스, 건물, 잔디밭, 운동장, 계단, 동기, 친구, 통학, 기숙사, 밥, 배달 … |
| 핵심 내용 뽑기 | 기숙사, 밥, 배달 |
| 주제 선정 | 기숙사 내 음식 배달 허용 |
| 주제문 작성 | 학생들의 기본권 보장을 위하여 대학에서는 기숙사 내 음식 배달 허용 방안을 마련해야 한다. |

주제 선정  무엇을 쓸까 결정해 보아요

## ■■ 활동

'대학생'을 화제로 마인드맵 또는 브레인스토밍을 하여 주제를 선정하고 주제문을 작성해 봅시다.

다음 문장이 주제문으로 적절하지 않은 이유에 대해 이야기하고, 알맞게 고쳐 보세요.

- 스마트폰은 우리의 삶에 어떤 영향을 미치는가?

- 1인 가구가 증가하고 있다.

- 인스턴트 음식을 자주 먹는 것은 건강에 좋지 않다.

- 미세먼지를 줄이기 위해 모두가 노력해야 한다.

# 분류와 구분

분류(分類)는 어떤 대상들을 일정한 기준에 따라 나누고 묶어 설명하는 서술 방식입니다. 흔히 구분(區分)은 하위 개념으로 나누어 가는 방법, 분류는 상위 개념으로 묶어 가는 방법이라 알려져 있으나 분류가 더 큰 서술 범위에 속합니다.

분류는 설명해야 하는 대상의 범위가 넓을 때 사용하기 적합합니다. 큰 대상을 설명할 때, 먼저 그것을 적절하게 분류하고, 분류된 항목들을 비교·예시·정의 등의 방법으로 설명하게 되는 경우가 많은데요. 나누고 묶는 것은 구성 요소들 사이에 일정한 질서를 부여하는 것으로부터 시작됩니다.

분류를 잘하기 위해서는 일관된 분류 기준을 끝까지 유지하면서 중복되거나 빠진 항목이 없는지 살펴야 해요. 또 한 묶음 아래에는 최소한 공통된 자질을 가진 두 개 이상의 요소가 포함되어 있는지도 확인해야 합니다.

예 "이 마을 주민은 독신, 신혼부부, 3인 이상 가족으로 구분된다"
— '거주인 수'가 기준
"이 마을 주민은 경기도 출신, 전라도 출신, 강원도 출신으로 구분된다"
— '출신도'가 기준
"이 마을 주민은 불교도, 신혼부부, 경상도 출신으로 구분된다"
— 옳지 않은 구분

예 소나무, 전나무, 잣나무 등은 상록수로 분류된다.
조류, 어류, 양서류, 파충류, 포유류는 척추동물에 속한다.

예 생물학에서 분류하는 '인간'

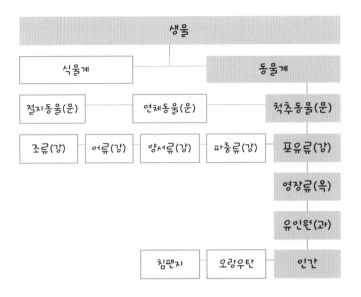

## 분류해 볼까요?

- 내 인생의 책




- 스마트폰 필수 어플리케이션




- 라면의 종류

# 글의 얼굴! 제목을 붙여 보아요   제목 짓기

**다음 시를 읽고 어울리는 제목을 붙여 보세요.**

(                    )

나태주

돌아가기엔 이미 너무 많이 와버렸고
버리기에는 차마 아까운 시간입니다

어디선가 서리 맞은 어린 장미 한 송이
피를 문 입술로 이쪽을 보고 있을 것만 같습니다

낮이 조금 더 짧아졌습니다
더욱 그대를 사랑해야겠습니다.

**아래 제시된 대상 중 하나를 고른 후 해당 분야의 기발하고 참신한 제목을 찾아 소개해 주세요.**(1위부터 10위까지 순위 선정)

㉠ 노래　　㉡ 드라마　　㉢ 아이돌 그룹명　　㉣ 상호(가게 이름)　　㉤ 상품명

　　제목은 독자가 글에서 가장 처음 접하는 부분입니다. 글쓴이가 명확하고 참신한 제목을 정하는 것은 글을 완성하는 과정에서 화룡점정(畵龍點睛)과 같은 일입니다. 제목에는 글의 주제 및 내용, 글쓴이의 입장이나 태도가 명확하고 간결하게 드러나야 합니다. 지나치게 넓거나 추상적인 내용, 감정적인 표현은 자칫 글의 내용과 의미를 전달하는 데 방해가 될 수 있어요.

　　대학에서 보고서를 제출할 때 적지 않은 학생들이 제목을 생략하거나 잘못 붙입니다. 자신이 쓴 글의 내용을 간략하고 선명하게 드러낼 수 있는 제목을 정해야 글 한 편이 완성되는 것입니다. 수강하는 수업의 교과목 명은 제목이 될 수 없다는 점도 주의하세요.

## 제목을 만드는 방법

　　제목을 만드는 데에는 몇 가지 방법이 있습니다. 첫째, '압축'입니다. 몇 개의 핵심어를 사용하여 짧은 문장이나 몇 개의 어구로 재구성하는 것입니다. 신문기사나 학술적 글쓰기에서 활용되는 방식입니다. 대부분 글의 내용이나 주제를 그대로 드러내는 명사형 제목이 많이 사용됩니다.

예 '강풍에 '와장창'…초고층 엘시티 유리창 또 파손 주민 불안'[1]

　　'대학생 글쓰기에 나타난 오류 양상: 단락 구성을 중심으로'

　　"中 원인불명 폐렴' 국내 첫 의심환자 발생…36세 중국여성'

둘째, 비유와 상징입니다. 창조적인 글쓰기에서는 비유나 상징적인 표현들이
사용되기도 합니다.

예 『채식주의자』, 『어디선가 나를 찾는 전화벨이 울리고』

도서정보

『채식주의자』

『어디선가 나를 찾는
전화벨이 울리고』

이것만은 기억하세요!

어떤 종류의 글이든 제목은 꼭 필요합니다.

---

1 「강풍에 '와장창'…초고층 엘시티 유리창 또 파손 주민 불안」, 『뉴스1』, 2020. 1. 10. https://
www.news1.kr/articles/?3813611, (2020. 2. 29 접속).

# ▪ 활동

'마인드맵' 또는 '브레인스토밍'을 통해 정한 주제문으로 글을 쓴다고 가정했을 때, 붙일 수 있는 제목 몇 가지를 생각해 봅시다.

# 분석

분석(分析)은 하나의 대상을 특정한 관점에 따라 분절하여 설명하는 서술 방식입니다. 주로 시간, 개념, 물체를 분절 대상으로 삼는데, 시간의 단위로 분절하는 예는 역사적 연대기가 있습니다. 개념의 단위로 분절하는 예는 관념이나 개념을 전체와 부분의 관점에서 다루는 것이고, 마지막으로 물체를 단위로 분절하여 설명하는 예는 개념의 예와 달리 인식 가능한 실질적인 대상을 부분과 전체로 구분하여 설명하는 방식입니다.

예   시간적 분석 : 조선 초기 · 중기 · 후기의 교육정책을 연대기적으로 설명할 수 있다.

     개념적 분석 : 민주주의의 발생 배경과 확장, 변화를 차례로 살피도록 하겠다.

     물리적 분석 : 자동차는 차체부, 엔진부, 조향장치 등으로 구성된다.

비교   시계는 크게 벽시계, 탁상시계, 손목시계로 나눌 수 있다.(분류)

     시계는 초침, 분침, 시침, 태엽 등으로 구성된 물건이다.(분석)

## 분석해 볼까요?

- 최근 한국 영화에 나타난 자본의 양극화

- 전설의 프리미어 축구 경기

- 청년 고용률 변화

- 드론의 구조

제목 짓기   글의 얼굴! 제목을 붙여 보아요

레밍 신드롬

- 주로 어떤 경로로 자료를 찾나요?

- 주로 어떤 유형의 자료를 이용하나요?

- 자료를 선택하는 기준은 무엇인가요?

주제를 정한 후에는 주제와 관련이 있는 자료를 수집해야 합니다. 자료를 수집하고 정리하는 것은 글의 내용을 마련하는 매우 중요한 일입니다. 또한, 글쓴이가 주제를 제대로 이해할 수 있는 과정이기도 합니다.

## 1. 자료의 종류

| | |
|---|---|
| 1차 자료<br>(primary source) | 연구의 직접적인 대상이 되는 자료<br>예 사료, 저술, 실제 현상, 정부 정책 등 |
| 2차 자료<br>(second source) | 1차 자료를 위해 활용되는 자료<br>기 발표된 기존의 학술 업적이나 자료집 또는 주제와 논지를 발전시켜 나가는 과정에서 반드시 검토하여 비판 또는 인용해야 할 가공된 자료<br>예 1차 자료를 주제로 한 각종 자료 |

| | |
|---|---|
| 문헌 자료 | 개론서, 사전, 신문, 정기간행물 등 |
| 학술 자료 | 학술논문, 학위 논문, 보고서 등 |
| 인터넷 자료 | 검색 자료, 정부기관 홈페이지 자료 등 |
| 시청각 자료 | TV 프로그램, 영화, 연극, 동영상 등 |
| 조사 자료 | 설문조사, 관찰조사, 인터뷰 등 |

## 2. 자료 찾는 방법

글쓴이는 자신이 정한 주제와 관련이 있는 자료를 찾고 모아야 합니다. 자료는 온라인으로도 오프라인으로도 수집할 수 있습니다. 온라인에서는 인터넷을 활용하여 포털사이트에서 검색을 하거나, 웹상에 있는 자료를 열람할 수 있습니다. 오프라인에서는 직접 조사를 하거나, 도서관 등 기관에 방문하여 자료를 수집할 수 있습니다. 문헌 자료를 검토할 때 해당 자료가 참고한 자료 목록을 활용하면 자료 수집이 조금 수월해지기도 합니다. 온라인 자료 수집 방법이 많이 이용되고 있는 추세이지만, 보다 폭넓고 다양한 자료 수집을 위해서는 온오프라인 방법을 병행하는 것이 좋아요.

## 3. 자료 수집 시 유의할 것

자료를 수집할 때에는 몇 가지 유의해야 할 점이 있습니다.
첫째, 풍부하고 다양하게 수집해야 합니다.
둘째, 출처가 분명하고, 신뢰할 수 있는 것만 취해야 합니다.
셋째, 수집 과정에서 출처를 표기해 둡니다.
넷째, 독자가 이해하고 공감할 수 있는 것이어야 합니다.
다섯째, 가급적 최근의 것을 수집합니다.

## 4. 자료 정리 방법

자료 수집 이후에는 자료를 분석하고 정리하는 과정이 필요합니다. 글쓴이는 많은 자료 중 글의 주제를 드러내는 데 유용하게 활용할 수 있는 것을 골라내야 합니다. 자료를 꼼꼼하게 읽으면서 필요한 부분에 밑줄을 긋거나 간단한 메모를 하며 자료를 검토하는 것이 보통입니다. 글쓴이는 자료 정리를 통해 자료 선별, 자료

의 구체적 용도, 글 안에서의 위치 등을 고민할 수 있습니다. 수집한 자료를 정리
할 때 아래와 같은 질문을 던져 보세요.

- 정말 글에 필요한 자료인가?

- 자료의 여러 부분 중 어떤 것을 활용할 것인가?

- 어떻게 활용할 것인가?

- 어디에 넣을 것인가?


## ■ 활동


1. 우리 학교 도서관 사이트에 들어가 봅시다.


2. 인터넷 검색으로 학과 교수님의 논문이나 단행본을 3개 이상 찾아봅시다.


3. 자신의 글쓰기 주제와 관련 있어 보이는 자료를 찾아봅시다.

# ■ 과제

## 신나고 재미있는 도서관 탐방

학과                    학번                    이름

- 자신의 전공과 관련된 서적이 위치한 곳을 찾아봅시다.

  * 자료 제시 방법(○○층, ○○자료실, ○○서가)


- 전공 공부를 하는 데 필요한 개념·용어 전문 사전은 어떤 것이 있는지 찾아보세요. 사전에서 앞으로 공부하면서 꼭 사용하게 될 주요 전문 용어를 찾고, 용어 풀이를 써 보세요.

  * 자료 제시 방법(저자, 『책 제목』, 출판사, 출판 연도 + 전문 용어, 풀이)


- 학교에서 각종 신문을 볼 수 있는 곳은 어디일까요? 웹에서 자신이 태어난 날의 신문을 검색해 보세요. 그날의 흥미로운 사건은 무엇인가요? 그 사건을 다룬 기사 제목과 날짜를 확인할 수 있도록 출력해 보세요.

  * 자료 제시 방법(「기사 제목」, 신문명, 발행일자.)


- 학술적 에세이 주제와 관련된 단행본 서적을 검색해 봅시다.

  * 자료 제시 방법(저자, 『책 제목』, 출판사, 출판 연도.)

- 학술적 에세이 주제와 관련된 학술논문이 있는지도 검색해 보세요.

  *자료 제시 방법(저자, 「글 제목」, 『책 제목』 권·호수, 발행 기관, 발행연도, 페이지.)

- 도서관에서 학위 논문을 빌릴 수 있는 곳은 어디인지 알아보고, 자신이 정한 글쓰기 주제(또는 전공)와 관련이 있는 학위 논문을 찾아보세요. 형태와 내용을 탐색하고 참고가 될 만한 목록이 있다면 제시하세요.

  *자료 제시 방법(○○층 / 저자, 「논문 제목」, 학위 수여 대학명 + 학위 종류, 발행 연도.)

- 비도서 자료(멀티미디어 자료)를 검색해 봅시다. 멀티미디어존에 들어가 관심 있는 최신 영상 자료의 제목을 찾아봅시다.

  *자료 제시 방법(〈제목〉, 감독, 개봉 연도.)

- 그 밖에 유용한 자료 검색 방법이 있다면 적어 주세요. (구글링, 포털 검색 제외)

- 온오프라인으로 도서관 탐방을 하며 여러 종류의 자료를 살펴본 느낌은 어떠한가요?

## 간단한 구글링 tip

1. 제외할 검색어 지정 : 검색어 앞에 마이너스(-)를 입력하면 해당 검색어를 제외한 결과 표시

   예 '캠핑-여름'을 구글 검색창에 입력하면 여름을 제외한 캠핑에 대한 결과 표시

2. 빈 칸 채우기 : 정확한 검색어가 떠오르지 않을 경우 해당 부분에 '*'를 입력하면 빈자리를 채운 결과 표시

   예 '뉴턴 *법칙'을 검색하면 뉴턴의 운동 법칙 표시

3. 특정 사이트 내에서만 검색 : 특정 사이트 내의 자료만을 검색하고 싶으면, 'site:주소'를 입력한 후 검색하면 해당 사이트 내에서만 검색

   예 'site:naver.com 갤럭시'를 검색하면 네이버 내에서 갤럭시라는 글자가 포함된 검색 결과만을 표시

자료 수집 재료를 준비해 볼까요

# 묘사

묘사는 오감을 통해 인식한 감각을 생생하게 표현하여 설명하는 서술 방법입니다. 시각적, 청각적, 후각적, 미각적, 촉각적 느낌을 전달하여 설명을 듣는 대상도 그 감각을 떠올리도록 합니다. 완전히 분리하는 것은 불가능하지만 묘사는 보통 주관적 묘사와 객관적 묘사로 나눕니다. 주관적 묘사는 자신이 느낀 것에 중점을 두고 주관적 판단을 포함해 서술하지만 객관적 묘사는 보편적으로 받아들여질 수 있는 범위 내에서 가능하면 주관을 배제하고 서술합니다. 어느 쪽이든 주요한 감각이나 지배적인 인상을 먼저 묘사하고, 다음으로 주변적이고 부수적인 인상들을 짜임새 있게 묘사하는 것이 요령입니다.

## 객관적 묘사

### 기혈순환체조 – 기지개 켜기

양발 어깨 넓이로 벌려, 11자 자세로 서고, 상체를 가볍게 숙였다가 숨을 들이마시면서 양팔을 굽혀 양손 어깨 부위까지 올렸다가 숨을 멈춘 상태에서 팔을 위로 쭉 펴면서 손끝과 발끝으로 기운이 가도록 기지개를 켠다. 숨을 내쉬면서 상체를 서서히 숙이고 양팔도 따라서 내려준다. 이렇게 3회 기지개를 켜면 몸과 마음이 이완되어 스트레스가 풀리면서 가슴의 답답함 및 견비통에 효과가 있다.

출처: 세계국선도연맹 국선도강해.

몸길이는 12~80mm 정도이다. 머리는 크고 겹눈이 돌출되어 있고 홑눈은 보통 3개가 정수리에 서로 접근하여 붙어 있다. 더듬이는 대개 3~10마디이며 실 모양이거나 털 모양이다. 주둥이는 머리 뒤쪽 또는 앞다리의 밑마디 사이에서 발생하여 몸 아랫면의 뒤쪽으로 향하며 매미형입틀이고, 턱수염과 입술수염은 없다. 배는 굵고 수컷은 대부분의 기부 양 안쪽에 발음기가 있고 암컷의 배면 끝에는 긴 산란관(産卵管)이 있다. 날개는 앞·뒷날개 모두 잘 발달되어 있어서 날기에 적합하다. 알은 식물조직 중에 산란하고 종류에 따라 뚜렷한 산란흔(産卵痕)을 남기며, 그 간격이나 알의 수도 다르다. 성충이 될 때 탈피한다.

(힌트 : ㅁㅁ)

## 주관적 묘사

춘분이 다가오면 목련의 겨울눈이 부풀어서 벌어진다. 그 안에 빛이 고이고 빛에 실려서 꽃잎이 나오기 시작하는데, 벌어지는 겨울눈 속에 고이는 밝음과 그 쟁쟁쟁 소리를 그리는 것이 내 세밀화에 부과된 임무였다.

김훈, 『내 젊은 날의 숲』, 문학동네, 2010, 87쪽.

## 묘사해 볼까요?

- 벚꽃 핀 교정의 풍경

_____

_____

- ASMR을 하나 골라 듣고 글로 묘사

_____

_____

- 쉬는 시간, 편의점에서 급히 먹는 컵라면의 맛

_____

_____

# 05

## 글쓰기 윤리 지킬 건 지켜요

보고서를 준비하다 보면 웹사이트에서 자료를 찾기도 하고, 책이나 논문 자료를 보기도 합니다. 필요한 자료를 이용하여 보고서를 작성하였을 뿐인데, '표절'로 몰려 'F학점'을 받는다면 속상하겠죠? 이 장에서는 이런 일을 방지하기 위해 글쓰기에서 지켜야 할 윤리에 대해 알아보겠습니다.

일상생활에서 지켜야 할 예의범절, 규칙, 법이 있듯이 글쓰기에서도 지켜야 할 윤리가 있습니다. 위조, 변조, 날조, 표절과 같은 것이 글쓰기 윤리를 지키지 않았을 때 나타나는 현상입니다.

이 중 대학생의 글쓰기에서 가장 문제가 되는 것은 표절입니다. 현재 표절 판정은 한 문장에서 6개의 단어가 연속해서 나타나는 경우를 기본으로 하고 있습니다. '문장'만 문제가 되는 것은 아닙니다. 대학생의 글쓰기에서 나타나는 표절 양상은 다음과 같습니다.

① 출처를 밝히지 않고 자료를 인용한 경우
② 다른 사람의 아이디어를 도용한 경우
③ 짜깁기 등의 형태로 다른 사람의 글을 자신의 글인 것처럼 사용한 경우
④ 하나의 글을 여러 과목의 과제로 재사용한 경우

의도적인 행위가 아닌 단순한 실수라 하더라도 출처를 제대로 밝히지 않으면 표절이 됩니다.

우리가 자료를 이용하지 않고 쓸 수 있는 글의 종류는 그다지 많지 않습니다. 따라서 다음 장의 '인용의 방법'을 잘 익혀 표절을 예방하도록 합시다.

# ■ 예시

**다음의 표절 유형을 살펴봅시다.**

---

(원문)

희극은 전술한 바와 같이 보통 삶 이하의 악인의 모방이다. 그러나 이때 보통 사람 이하의 악인이라 함은 모든 결점에 관하여 그런 것이 아니라, 그 특별한 종류 즉 우스운 것에 관하여 그런 것이니, 우스운 것은 추악한 것의 일종인 것이다.

아리스토텔레스, 손명현 역, 『시학』, 고려대학교출판부, 2009.

---

희극은 전술한 바와 같이 보통 삶 이하의 악인의 모방이다. 그러나 이때 보통 사람 이하의 악인이라 함은 모든 결점에 관하여 그런 것이 아니라, 그 특별한 종류 즉 우스운 것에 관하여 그런 것이니, 우스운 것은 추악한 것의 일종인 것이다.

---

희극은 보통 삶 이하의 악인의 모방이다. 보통 사람보다 못한 악인이라는 것은 모든 결점에 관해 그런 것이 아니다. 다만 '우스운 것'에 관한 것인데, 그 우스운 것은 추악한 것의 일종이다.

---

아리스토텔레스는 『시학』에서 희극은 보통 삶 이하의 악인의 모방이라고 하였다. 그런데 보통 사람 이하의 악인이라 함은 모든 결점에 관하여 그런 것이 아니라, 그 특별한 종류 즉 우스운 것에 관하여 그런 것이니, 우스운 것은 추악한 것의 일종인 것이다.

## ■ 활동

**글쓰기 윤리와 관련한 본인의 생각을 10줄 정도 써 봅시다.** (반성, 각오, 다짐 등)

_____

_____

_____

_____

_____

_____

_____

_____

_____

_____

# 예시

　　예시(例示)는 예를 들어서 설명하는 서술 방법입니다. 예를 들어 설명하면 추상적인 내용을 구체화할 수 있지요. 독자는 예를 통해 이해할 수 없던 것을 쉽게 이해할 수 있게 됩니다. 그러니 독자가 잘 알 수 있는 예를 들수록 효과적이겠지요. 예를 드는 의도는 예를 통해서 일반적인 설명을 하자는 데 있습니다. 만약 예가 일반적인 의의를 지니지 않는다면 목적을 달성하기 어렵습니다. 하지만 아무리 예를 들어도 설명의 결과가 전부 일반화될 수 없는 것은 예시의 아이러니한 한계입니다.

> 예　비교적 잘 알려진 제주도 방언의 예로 '혼저옵서'가 있으며, '어서 오세요'라는 인사
> 말이다.
> 예컨대 러시아에서 가장 유명한 두 작가는 도스토예프스키와 톨스토이다.

## 일반화의 한계

> 예　히치콕 영화의 예로 〈새〉, 〈싸이코〉, 〈현기증〉 등이 있다.
> 짜장면, 짬뽕, 탕수육 등은 중국 음식의 대표적인 예다.

## 예를 들어 볼까요?

- 키오스크가 가장 많은 매장의 예

- 최근 새로 생긴 직업의 예

- 백만 유튜버의 예

늘대의 자살

# 06

# 어떻게 인용할까요?

## 1. 직접 인용

긴 부분을 인용할 경우에는 본문과 인용문 사이를 한 줄 띄어 이 부분이 인용이라는 것을 시각적으로 확인할 수 있도록 합니다. 인용문의 글씨 크기는 본문보다 다소 작게 설정하며, 본문의 들여쓰기한 부분이 인용문의 들여쓰기하지 않은 부분과 맞도록 합니다. 인용문은 원문 그대로 인용해야 하며, 밑줄, 방점, 굵은 글씨 등을 첨가할 경우 그것이 원문에는 없으며 인용자가 임의로 한 것임을 인용문의 끝에 표시해야 합니다([예] 밑줄 인용자). 또한 인용문이 짧을 경우에는 큰따옴표(" ")로 표시합니다. 인용문이 끝나는 지점에 각주를 달아 출처를 표시합니다.

## 2. 간접 인용

따옴표나 줄바꿈 없이 본문 중에 인용을 하는 것입니다. 주로 문장의 앞머리에 저자를 밝히고 '~라고 한다.' 등의 종결형을 이용하여 인용임을 밝힙니다. 그러다 보니 어디까지가 인용이고 어디까지가 본인이 쓴 대목인지 명확하지 않은 경우가 있어 표절로 몰리기도 합니다. 따라서 간접 인용을 할 경우에는 어디까지가 인용인지를 분명하게 표시해야 합니다. 그리고 인용을 한 마지막 지점에 각주를 달아 출처를 표시합니다.

제레미 리프킨은 그의 저서 『육식의 종말』에서 현대적인 축산단지는 아프리카 대륙의 많은 지역을 훼손시키고 있다고 주장한다.[1] 그러나 아프리카 대륙의 자연 환경 파괴 원인이 현대적인 축산단지의 증설에 있다는 것은 억측이다. 기후 온난화로 인한 사막화의 진행이 현대적인 축산단지의 증설 이전부터 대규모로 진행하고 있었다.

---

1) 제레미 리프킨, 신현승 역, 『육식의 종말』, 시공사, 2002, 261쪽.

## 3. 각주로 출처 표시

출처를 표시하는 방법은 여러 가지가 있습니다. 이 책에서는 일반적인 '각주'를 이용한 인용 방식을 소개하겠습니다.

저자명, 「논문명」, 『학회지명』, 학회지 권호, 발행학회명, 발행연도, 페이지.
저자명, 번역자, 『책제목』(판), 출판지, 출판사, 출판 연도, 페이지.
저자명, 「기사명」, 『매체명』, 작성연월일시, URL주소, (연월일시 열람).
저자명, 「논문명」, **대학교 대학원 %%학위 논문, 페이지.

낫표(「 」), 겹낫표(『 』)는 각각 꺽쇠 괄호(〈 〉)와 겹꺽쇠 괄호(《 》) 또는 작은따옴표(' ')와 큰따옴표(" ")로 대체 가능.
쪽수 표기는 0쪽. 0~00쪽으로 하며 '쪽' 대신 '면'도 가능. 이외에 'p. 0. 또는 pp. 0~00.'으로 표시해도 무방.

각주는 내가 본 자료의 어느 곳에 인용한 내용이 있다는 것을 독자에게 알려 주는 '정보'입니다. 독자가 그 책을 찾아볼 때 필요한 정보를 알려 주는 것이지요.

그런데, 조금 다르게 표시하는 경우도 있습니다. 바로 다음에 같은 저작을 인용할 경우에는 '위의 책' '위의 논문'으로 표시합니다.

---

위의 책, 페이지. 혹은 저자, 위의 책, 페이지.
1) 김철수, 『심리학 개론』, 순천향대학교 출판부, 2011, 30쪽.
2) 위의 책, 28쪽.

---

또한 다른 저작의 인용 후 같은 저작을 인용할 경우 '앞의 책', '앞의 논문'을 사용하여 표시합니다.

---

1) 김철수, 『심리학 개론』, 순천향대학교 출판부, 2011, 30쪽.
2) 이영희, 『철학입문』, 순천향대학교 출판부, 2013, 30~33쪽.
3) 김철수, 앞의 책, 24쪽.

---

이렇게 인용과 출처 표시를 모두 하고 나면 보고서의 맨 뒤에는 참고문헌 목록을 적어야 합니다. 참고문헌의 정리 순서는 저자의 가나다순이 기본입니다. 만약 영문 원서 등을 읽었다면 저자의 알파벳순으로 정리합니다. 참고문헌의 기재 방식은 인용의 출처 표시 방법과 동일합니다. 다만 참고문헌 목록을 적을 때에는 페이지를 적지 않습니다. 그리고 같은 저자의 책을 2권 이상 보았을 경우에는 두 번째 이하의 책은 저자명을 _____로 표시합니다.

---

김철수, 『심리학개론』, 순천향대학교 출판부, 2011.
_____, 『심리학을 넘어서』, 순천향대학교 출판부, 2018.

---

■ '참고문헌'은 보고서의 '페이지' 수에 들어가지 않습니다.

## ■ 활동

**각주의 위치를 지정하고, 각주를 달아 봅시다.**

> 올더스 헉슬리의 『멋진 신세계』는 20세기 문명의 발전이 축복으로 느껴질 즈음 문명의 발전이 축복이 아니라 대단히 위험한 일이며, 때로는 비극적이기까지 하다며 경고한 작품이다. 20세기 문명이 가진 비극성은 작품의 첫 장면의 배경 묘사에서도 나타난다.
>
> 겨우 34층밖에 되지 않는 나지막한 회색 빌딩. 중앙현관 위에는 '런던 중앙 인공부화·조건반사 양육소'라는 간판이 붙어 있고 방패 모양의 현판에는 '공유·균등·안정'이라는 세계국가의 표어가 보인다.
>
> 위의 묘사에는 험악한 분위기도, 파괴나 균열을 의미하는 단어도 나타나지 않았지만 우리는 왠지 모르게 등골이 오싹해지는 것을 느낀다. 그것은 인공부화와 양육 당하는 것이 '공유, 균등, 안정'이라는 표어로 보아 인간에 해당된다는 것을 알아챘기 때문일 것이다.

■ 인용에 대한 정보 : 올더스 헉슬리가 지은 『멋진 신세계』에 나온 대목이다. 이 대목은 여러 판본 중 문예출판사에서 2019년에 출판된 책을 인용하였다. 이 책은 이덕형 교수가 번역하였는데, 초판은 1988년에 나왔다. 내가 읽은 책은 2판이다. 2판의 1쇄는 2004년 10월 20일에 나왔고, 내가 읽은 2쇄는 2019년 2월 20일에 나왔다. 문예출판사는 서울시 마포구에 위치하고 있다. 책 뒤를 보니 펴낸이는 전준배라고 되어 있다. 아! 내가 인용한 저 대목은 7페이지에 나온다.

**다음의 인용 정보 순서에 따라 각주를 작성해 보고, 뒷면에는 이 각주 정보를 바탕으로 참고문헌 목록을 작성해 봅시다.**

1) 2016년 출판된 김병희 저의 『광고로 보는 미디어 테크놀로지의 소비문화사』라는 책은 서울경제경영에서 펴냈다. 이 책의 16페이지 문장을 인용하였다.

2) 김진이 지은 『모카커피 마시기』는 1993년에 나온 책이다. 이 책은 대화출판사에서 나왔는데, 이 책의 3페이지에서 4페이지에 걸쳐 있는 문장을 인용하였다.

3) 김병희와 한상필이 함께 쓴 논문 「광고홍보콘텐츠의 효과측정을 위한 농어업 농어촌의 다원적 가치 척도개발」은 광고학회에서 나온 학회지 『광고학연구』 25권 1호에 실려 있다. 이 논문의 128쪽을 인용하였다. 이 학회지는 2014년 1월에 나왔다.

4) 2020년 1월 21일에 노컷뉴스 사이트에서 "우리는 왜 김사부를 외면하는가"라는 칼럼을 보고 인용하였다. 이 칼럼은 김진오씨가 썼다. URL주소는 아래와 같다. 나는 이 칼럼을 1월 21일 오후 7시에 보았다. https://www.nocutnews.co.kr/news/5276732

5) 1)의 김병희의 책 24페이지를 다시 인용하였다.

6) 이수광이 지은 『지봉유설』은 한문으로 되어 있다. 그래서 정해렴이 한글로 옮긴 『지봉유설 정선』을 보았다. 이 책의 34페이지를 인용하였는데, 이 책은 현대실학사에서 2000년에 출판된 것이다.

7) 6)의 책 25페이지를 다시 인용하였다.

8) 네이버 지식백과에서 "윷점"을 2020년 4월 3일 오후 10시에 찾아보았다. URL주소는 https://terms.naver.com/entry.nhn?docId=1133456&cid=40942&cate-goryId=321750이다. 살펴보니 이 문서는 2017년에 작성되었다.

9) 김용옥의 『태권도 철학의 구성원리』라는 책을 구하고 싶었다. 이 책은 통나무에서 1990년에 나왔다. 나는 이 책의 142페이지의 내용이 필요했다. 그런데 오래되어 이 책을 구할 수 없어 이 책의 필요한 구절이 인용되어 있는 김병희의 『정부 광고로 보는 일상생활사』 117페이지를 대신 인용하였다. 이 책은 살림출판사에서 2017년에 출판되었다.

1) _____

2) _____

3) _____

4) _____

5) _____

6) _____

7) _____

8) _____

9) _____

'04. 재료를 준비해 볼까요 : 자료 수집' 단계에서 찾아온 자료를 참고문헌 목록으로 작성해 봅시다.

학과                    학번                    이름

# 지정

지정(指定)이란 사물을 직접 있는 그대로 언급하는 것을 말합니다. 어떤 사물을 지적하여 '그것이 무엇이냐/ 그것이 누구냐?'고 물었을 때, '그것은 _____ 이다'라고 대답하는 서술 방식으로 아래의 예와 같이 실체, 양, 질, 관계, 행위, 피동, 공간, 시간, 상황 등과 관련됩니다. 지정은 주로 어떤 실체를 단순하게 서술할 때 사용합니다. 예를 들어 '나는 누구인가?'라는 질문에 여러 내용으로 답을 할 수 있겠지요.

> 예  나는 이성적으로 생각하는 동물인 사람이다.(실체)
>
> 나는 키가 175cm다.(양)
>
> 나는 적극적이고 활동적인 편이다.(질)
>
> 나는 옆돌기를 하고 있다.(행위)
>
> 나는 술래잡기를 하다 동생에게 잡혔다.(피동)
>
> 나는 서울에 살고 있다.(공간)
>
> 나는 전주 이씨 종가에서 자랐다.(시간)
>
> 나는 달리기를 하고 있다.(상황)

## 지정을 해 볼까요?

● 과제는 _____ 다.

● 엄마는 _____ 다.

● 게임은 _____ 다.

● 고양이는 _____ 다.

코끼리 말뚝 이론

# 서론 · 본론 · 결론!

글쓰기는 기본적으로 한 문장을 그 다음 문장과 잇는 것입니다. 이때 문장과 문장은 서로 어떤 관계를 맺고 있어야 합니다. 논리적인 글에서는 주로 인과적으로 관계를 맺는 경우가 많습니다.

**원인과 결과를 염두에 두고 다음 문장들을 이어 스토리를 만들어 봅시다.**

1) 버스가 출발했다.

2) _____

_____ .

3) 그 사람은 버스에 타지 않았다.

1) 사이코패스는 선천적 요인과 사회환경적 요인이 모두 영향을 미치는 전인격적장애증이다. 그럼에도 둘 중 더 강하게 작용하는 요인은

2) _____ 이다.

3) _____

_____ 이다.


현재의 만족을 위해 소비를 우선시하는 욜로(YOLO: You only Live once)족이 있는가 하면 경제적 자립과 더 나은 미래를 위해 악착같이 돈을 모으는 파이어(FIRE: Financial Independence, Retire Early)족도 있습니다. 두 삶의 방식 중 하나를 선택하여 주장과 논거를 제시해 보세요.


주장

_____

_____


논거

_____

_____

_____

대학 글쓰기에서는 대부분 서론–본론–결론의 3단 구성을 사용합니다. 서론에서는 주로 주제를 소개하면서 필자가 고민한 문제를 제기하고 글 쓰는 목적이나 필요성을 밝힙니다. 이를 통해 독자는 해당 문제에 흥미를 느끼고 더 읽고자 하는 마음을 갖게 됩니다. 본론에서는 글의 주제를 뒷받침하는 논리적 전개 과정이 따릅니다. 이때 다양한 방식으로 자신의 주장이 타당하다는 것을 밝힙니다. 마지막으로 결론에서는 글 전체에 대한 요점을 정리하여 주장을 강조하는 한편 한계나 남은 문제, 전망 등을 다룹니다. 좋은 글을 쓰기 위해서는 본격적으로 글을 쓰기 전에 여러 요소들을 고려하여 틀을 세우는 것이 필요합니다.

내용을 구성하는 단위, 진정한 글의 단위는 단락입니다. 단락이란 여러 개의 문장이 모여 만들어진 글의 한 단위입니다. 단락에는 하나의 중심 문장이 담겨 있습니다. 그리고 나머지 문장들은 그 중심 문장을 뒷받침하기 위해 쓰입니다. 중심 문장의 위치는 단락의 처음이나 끝 또는 중간에 배치할 수 있습니다. 그보다 단락 안의 모든 문장은 중심 문장을 향해 유기적으로 배열되어야 한다는 것이 중요합니다. 한 단락 안의 문장들은 모두 긴밀하게 연결되어 있어야 한다는 뜻입니다. 하나의 단락을 구성하는 것이 글쓰기의 기본입니다. 아무리 단어를 많이 알고, 문장을 간결하고 정확하게 써도 단락을 만들지 못하면 글이라고 할 수 없습니다.

하나의 단락을 잘 구성할 수 있게 되면 단락과 단락의 관계를 생각하며 전체적인 글의 흐름을 만들 수 있어요. 단락의 구성 원리를 똑같이 적용하여 하나의 중심 단락과 여러 개의 뒷받침 단락으로 글을 만드는 것입니다. 단락 간의 연결 또한 유기성을 갖추어야 합니다. 단락 구성이 글의 전개 과정을 결정합니다. 중요한 단락을 중심으로 앞 또는 뒤에 어떤 뒷받침 단락을 놓을지 잘 선택해야 자신이 전달하려는 내용을 논리적으로 전개할 수 있습니다.

이것만은 기억하세요!

단락은 하나의 중심 문장과 뒷받침 문장들로 이루어집니다.

단락 안의 모든 문장을 긴밀히 연결해야 합니다.

단락과 단락 간의 관계를 설정하는 것이 글의 구성이자 조직입니다.

단락 구성의 핵심은 소주제문과 그것을 보충할 수 있는 뒷받침 문장들이 필요하다는 것입니다. 즉 핵심 주제와 그에 대한 보충문들로 단락을 만들게 되는데 이를 도식화하면 다음과 같습니다. 이것이 기본적인 단락 구성 형태입니다.

| 단락 | 소주제문 | | |
|---|---|---|---|
| | 뒷받침 내용 1 | 뒷받침 내용 2 | 정리 |

담을 보면 옛날 사람들이 떠오른다. 나이를 셈하는 일이 크게 중요하지 않았던 때, 비를 피해 처마 밑에 모여든 옛사람들의 얼굴이 생각난다. 날이 개길 기다리며 태운 담배, 뜨문뜨문 이어지는 쓸데없는 말, 다 같이 물끄러미 바라봤을 하늘 같은 것이, 미성년과 성년, 노인과 아이가 말을 섞는 담벼락 아래 짧은 우정. 사귐은 조촐하고 편안해 막역하지 않아도 좋았으리라.

김애란, 『잊기 좋은 이름』, 열림원, 2019, 150쪽.

# 단락 쓰기 점검표

| 점검할 항목 | 점검할 내용 | 자가 진단 | | | 수정할 내용 |
|---|---|---|---|---|---|
| 단락의 구성 | 단락을 소주제문과 뒷받침 문장들로 구성하였는가 | ○ | △ | × | |
| 소주제문의 적절성 | 소주제문이 단락의 내용을 명확하게 담고 있는가 | ○ | △ | × | |
| | 소주제문이 다루는 내용에 단락의 길이가 적절한가 | ○ | △ | × | |
| 뒷받침 문장들과 단락 | 소주제문에 어긋나는 뒷받침 문장은 없는가 | ○ | △ | × | |
| | 뒷받침 문장은 소주제문을 보충하기에 충분한 양인가 | ○ | △ | × | |
| | 뒷받침 문장들 사이의 관계가 긴밀히 연결되었는가 | ○ | △ | × | |

내용 구성 서론·본론·결론!

# ▪ 예시

## 1. 서론

공무원 시험을 준비하는 이른바 '공시생'이 매년 늘고 있다. 2017년 현대경제연구원이 발표한 〈공시의 경제적 영향 분석과 시사점〉에 따르면 한국의 공시생은 2011년 약 18만 5,000명에서 2016년에는 약 25만 7,000명으로 38.9퍼센트가량 증가했다. 하지만 이들의 공무원 시험 최종 합격률은 2016년 기준 1.8퍼센트에 지나지 않는다. 공시생 100명 중 최종 합격 인원은 약 2명에 그친다는 이야기다. 그렇다면 나머지 98명은? 답은 쉽다. 이듬해에 있을 공무원 시험을 준비한다. (중략)

이 책은 9급 공무원 시험을 준비하게 된 1990년대 출생의 20대 청년들에 대한 이야기를 담고 있다. '9급 공무원 세대'라고도 할 수 있는 90년대생들이 이전 세대들과 어떠한 차이가 있으며, 어떤 생각을 하고 있는지, 나아가 우리는 어떤 눈으로 이들을 바라봐야 하는지 밝히는 것이 이 책을 집필하게 된 가장 큰 이유다.

임홍택, 『90년생이 온다』, 웨일북, 2019, 9~10쪽.

'햄릿 증후군(hamlet syndrome)'이라고 불리는 증상이 있죠. 영국의 극작가 윌리엄 셰익스피어의 희곡 〈햄릿〉의 주인공처럼 빨리 결정을 내리지 못하고 오랫동안 고민하는 사람들의 증세를 일컫는 말입니다. 햄릿은 삼촌이 자기 아버지를 죽이고 어머니를 데려가자 '자살할 것인지, 그를 죽일 것인지'를 놓고 며칠 밤을 고민하고 번민합니다. 이 상황에서 햄릿이 외친 "죽느냐, 사느냐, 그것이 문제로다"라는 유명한 대사 때문에 '햄릿 증후군'이라는 말이 생겼습니다. 1989년처럼 명명된 이 증후군은 선택의 갈림길에서 무엇을 선택할지 잘 몰라서 고통스러워하는 심리상태를 말합니다.

정재승, 『열두 발자국』, 어크로스, 2019, 73~74쪽.

## 2. 본론

### 주장-이유-근거-주장 유형

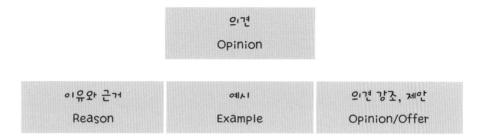

|  |
|---|
| 의견<br>Opinion |

| 이유와 근거<br>Reason | 예시<br>Example | 의견 강조, 제안<br>Opinion/Offer |
|---|---|---|

### 문제-원인-해결책 유형

| 문제의 현황 | 문제의 원인 | 문제의 해결책 |
|---|---|---|
| 자료 제시 | 분류를 기반으로 한 원인 분석 | 원인에 기반한 해결책 제시 |
| 해당 이슈를 다룬<br>공적 자료 인용 | ● 주된 원인 · 부차적 원인<br>● 신체적 원인 · 정신적 원인<br>● 정치적 · 경제적 · 문화적 원인 | ●개인적 · 사회적 차원의 해결책<br>●도덕&윤리적 · 법&제도적 해결책 |

### 비판 → 주장 유형

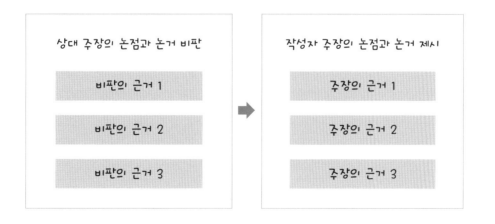

상대 주장의 논점과 논거 비판

비판의 근거 1

비판의 근거 2

비판의 근거 3

작성자 주장의 논점과 논거 제시

주장의 근거 1

주장의 근거 2

주장의 근거 3

## 반론 제시 유형

## 3. 결론

> 지금까지 우리는 일반적으로 받아들여지는 놀이의 긍정적 측면을 가지고 놀이 개념을 설명해 왔다. 우리는 일상적 의미의 놀이를 주제로 삼으면서 모든 인간의 활동이 놀이라고 말하는 철학적 비약을 피하려고 애써왔다. 이제 논의를 마무리 지으려는 마당에 이러한 놀이의 개념이 진지하게 받아들여지기를 바란다.
>
> 요한 하위징아, 이종인 옮김, 『호모 루덴스』, 연암서가, 2017, 397쪽.

## 4. 학술적인 글(보고서)의 표지와 목차

### 겉표지가 있는 경우

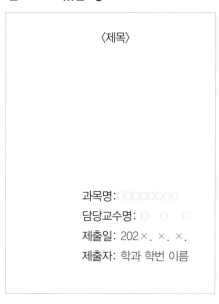

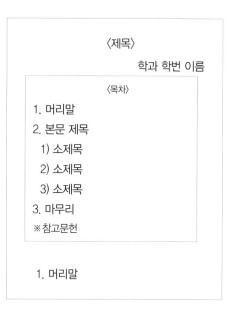

### 겉표지가 없는 경우

2. 본문 제목

1) 소제목

## ▬ 활동

다음 글은 소비지상주의를 다루고 있습니다. 농경 사회에서는 가능하면 소비하지 않는 것이 미덕이었지만 현대 사회에서 소비는 생산을 추동하는 불가피한 행위로 그 의미가 변했습니다. 소비지상주의 사회가 도래할 수밖에 없었던 역사적·경제적 배경은 차치하고 이러한 추세로 소비지상주의가 계속된다면 앞으로의 상황은 어찌 될까요? 글을 이어 써야 한다면 뒤에 어떤 내용을 붙이는 것이 좋을지 생각해 봅시다.

> 현대 자본주의 경제는 생존을 위해 끊임없이 생산량을 늘려야만 한다. 상어가 계속 헤엄치지 않으면 질식하는 것과 마찬가지다. 하지만 만드는 것만으로는 충분치 못하다. 누군가 제품을 사주어야 한다. 그렇지 않으면 제조업자와 투자자는 함께 파산할 것이다. 이런 파국을 막으면서 업계에서 생산하는 신제품이 무엇이든 사람들이 항상 구매하게 하기 위해서 새로운 종류의 윤리가 등장했는데, 그것이 바로 소비지상주의다.
>
> 유발 하라리, 조현욱 옮김, 『사피엔스』, 김영사, 2016, 490쪽.

# 정의

정의(定義)는 뜻을 풀이하는 서술 방법입니다. 우리에게 가장 익숙한 것으로는 사전적 정의가 있습니다. 사전의 내용을 살펴보면 정의가 정의항과 피정의항의 형식으로 이루어진다는 것을 확인할 수 있습니다. 정의항은 다시 '종차(種差)'와 '유개념(類槪念)'으로 구분하는데요. '종차'는 피정의항을 해당 범주 안의 다른 구성 항목들과 구별시키는 특징이나 성질이고, '유개념'은 피정의항이 속하는 범주 그 자체입니다. '사람'을 "이성적 동물"이라고 정의할 때, '이성적'이라고 하는 것은 '사람'을 다른 동물과 구별시키는 종차이고 '동물'은 '사람'이라는 개념이 속해 있는 범주를 가리키는 유개념입니다.

> 예  삼각형은 세 개의 선분으로 둘러싸인 평면 도형이다.
> 엔지오(NGO)는 정부 간의 협정이 아닌, 민간단체가 중심이 되어 만들어진 비정부 국제 조직이다.

## 정의해 볼까요?

• 폭력은 _____ 다.

• 봉사는 _____ 다.

• 뉴트로는 _____ 다.

• 급식체는 _____ 다.

호피족의 비밀

# 글의 설계도를 만들어 보아요

 개요 작성은 글쓰기 계획의 마지막 단계에서 행해집니다. 집필 전 단계로서 개요를 작성한다는 것은 글쓰기의 계획과 준비가 어느 정도 갖추어졌음을 의미하지요. 개요는 글 전체의 흐름을 정리해 놓은 것으로 흔히 글의 뼈대라고 하면서 건축에 비유하는 경우가 많습니다. 집의 구조와 형태를 결정해야 건축 재료나 방법도 선택할 수 있습니다.

 논리적인 글을 작성하고 싶다면 특히 개요를 작성한 후에 글을 쓰는 것이 효과적입니다. 개요를 작성하면 글의 전체 체계를 먼저 가다듬을 수 있기 때문입니다. 기본적인 틀을 세운 후에는 자신의 주제에 맞도록 개요의 수정에 수정을 거듭하는 과정이 필요합니다. 개요는 글쓰기 준비 과정에 전반적으로 걸쳐 있는 것이며 특정 지점에서 작성하거나 한 차례에 완성할 수 있는 것이 아닙니다. 예비적 개요를 먼저 작성하고 점차 구체적이고 체계적인 개요로 완성해 나갈 수 있도록 연습해 보세요.

 가장 보편적으로 사용하는 개요로 항목식 개요, 문장식 개요, 요점식 개요가 있습니다. 항목식 개요는 핵심 어구를 간결하게 표시하는 방식으로 목차식 개요라고도 부릅니다. 문장식 개요는 모든 내용을 문장으로 처리하여, 전체적으로 한 편의 짧은 글과 같은 형태로 작성합니다. 책의 서문이나 논문의 초록 등이 문장식 개요의 대표적인 예지요.

 요점식 개요는 항목식 개요과 문장식 개요의 절충형입니다. 항목식 개요에 내용을 보충한 형태로, 기본적인 틀은 항목식 개요와 같이 장, 절, 항, 목의 분류 체계에 따라 배열하고 여기에 각 항목에 대한 세부 내용을 덧붙입니다. 논리적 글쓰기를 연습하는 단계라면 항목식 개요로부터 요점식 개요로 단계를 확장해 가는 방식을 추천합니다.

## 예비적 개요에서 구체적 개요로 진행하는 과정

### 예비적 개요

주제 : 노키즈존
주제문 : 노키즈존이 필요하다.
제목 : 노키즈존의 중요성

1. 서론: 노키즈존의 개념 정리
2. 본론: 공공장소나 사업 공간에서 부모가 아이들을 관리하지 않아 피해를 입었다.
3. 결론: 노키즈존이 필요하다. 이를 지금보다 더 확대해야 한다.

### 구체적 개요

주제 : 노키즈존
주제문 : 노키즈존 확산 문제와 해결책 제시
제목 : 노키즈존과 키즈존의 공존

1. 서론: 노키즈존의 개념과 문제 제기
   백과사전이나 시사 상식 사전에서 개념 찾기(영유아와 어린이의 출입을 금지하는 업소를 가리키는 신조어). 극장, 카페, 식당 등에서 아이들로 인해 피해를 입은 사례와 노키즈존 찬반 논란 기사 소개

2. 본론

2.1. 노키즈존 운영 현황 파악

   2.1.1. 노키즈존을 둔 업소의 종류

   2.1.2. 노키즈존의 비율 증가 통계

   2.1.3. 현재 노키즈존이 차지하는 비율과 형태

2.2. 노키즈존의 문제점과 원인

   2.2.1. 노키즈존 확산의 원인

      2.2.1.1. 소란을 피우는 아이를 제지하지 않는 부모의 무책임

      2.2.1.2. 아이들의 부주의로 일어나는 사고 책임 문제

   2.2.2. 노키즈존의 문제점

      2.2.2.1. 누구나 자유롭게 원하는 장소에 방문할 수 있는 권리를 침해

      2.2.2.2. 모든 아이들이 항상 일반 대중이 찾는 장소에서 피해를 입히지는 않음

      2.2.2.3. 아이들만이 아니라 노인, 장애인, 청소년 등 차별 대상이 확산될 가능성

2.3. 노키즈존 문제의 해결책

   2.3.1. 정부의 입장에서: 노키즈존이 필요한 영업소에 지원금을 지급해 키즈존을 조성

   2.3.2. 영업점의 입장에서: 영업소 안에 아이들이 잠시 머물 수 있는 공간을 마련(타인에게 피해를 주지 않으면서도 아이들이 방문할 수 있는 여러 방법을 마련)

   2.3.3. 부모의 입장에서: 부모는 아이에게 공공장소에서의 예절을 교육(아이들이 에티켓을 지킬 수 있도록 주의를 주고, 지켜지지 않을 때는 신속히 조치)

3. 결론: 본론의 내용 요약과 전망
모두가 자유롭게 공공시설을 이용할 수 있도록 다양한 입장에서 이해하고 배려하는 자세 강조

| | |
|---|---|
| **1차 개요** | 서론 – 저출산의 개념과 원인<br>본론 – 저출산의 주된 문제점과 대응 방안<br>결론 – 요약 및 남은 문제 정리 |
| **2차 개요** | 서론 – 저출산의 개념 정의와 최근 이슈<br>본론<br>저출산의 문제점 분석<br>1. 개인적 차원의 문제<br>2. 사회적 차원의 문제<br>저출산 문제의 해결 방안<br>1. 개인적 차원의 해결 방안<br>2. 사회적 차원의 해결 방안<br>결론–요약 및 남은 문제 정리 |
| **3차 개요** | 서론 – 저출산의 개념 정의와 최근 이슈 / 저출산의 정의(아이를 적게 낳아 사회 전반적으로 출산율이 감소하는 현상) / 한국의 출산율 현황(연도별 출산율 현황 추이를 최근 5년 간 자료 중심으로 분석하여 소개) / 출산율과 관련된 뉴스 소개(분만하는 산부인과가 없는 도시 증가율)<br><br>본론<br>1. 저출산 문제를 개인적 차원과 사회적 차원으로 나누어 제시 // 개인적 차원: 출산ㆍ육아의 경제적 부담, 청년실업률이 높은 상태에서 미래에 대한 불안이 결혼 기피 현상을 만듦, 여성의 사회참여도가 높아져 결혼적령기가 늦어지고 세대 존속보다 자아실현의 욕구가 커짐(가족 기능이 약화돼 사회보다 개인의 삶에 집중하고자 함) / 사회적 차원: 생산 인구 감소로 젊은층의 경제적 부담이 증가함, 국가 안보 불안 및 가족사회화 의식 결여, 사회 구조 변화로 많은 노동력을 필요로 하지 않아 가족 구성원 수 감소 // 2. 외국의 사례와 우리나라 상황을 비교 / 유럽 국가 및 일본 등의 저출산에 대한 정책적 대비 사례 소개, 출산휴가제도나 보육지원현황 등 다양한 정책적 차이 비교 //  3. 저출산 문제의 해결 방안 제시 / 법적인 측면에서 출산ㆍ육아휴직 보장, 보육 시설 지원 확충, 경제적 보조(출산 및 육아 수당 지급과 양육비 지원 등) / 사회적 인식 개선도 필요, 지원 제도 개선 후 홍보로 출산 장려 분위기 조성<br><br>결론 – 본론 요약, 정리 및 전망과 기대 효과 제시 |

# ■ 활동

## 여행 계획(조 활동)

- 떠나고 싶은 여행지를 선택하세요.
- 여행 계획을 세워 보겠습니다.
  1. 여행지, 여행 기간, 여행 방법, 여행 경비 등에 대해 의논하세요.
  2. 구체적인 일정 등을 추가하세요. (일자별 여행 경로, 관광 코스나 맛볼 음식 메뉴 등을 포함하세요)
  3. 굵직한 정보부터 세부 정보까지 모두 포함한 여행 계획을 완성하여 제출하세요.

## 요리 계획(조 활동)

- 만들고 싶은 음식을 선택하세요.
- 요리 계획을 세워 보겠습니다.
  1. 요리 종류, 요리 재료, 요리 시간, 요리 방법, 필요 경비 등에 대해 의논하세요.
  2. 세부적인 순서를 추가하세요. (재료 손질법, 요리의 순서, 계량 정도, 곁들이거나 꾸밀 것 등을 포함하세요)
  3. 굵직한 정보부터 세부 정보까지 모두 포함한 요리 계획을 완성하여 제출하세요.

## 기획안 작성(개인 활동)

**조 활동의 결과물을 one page proposal 형식을 참고하여[1] 작성해 보세요.**

| | | | |
|---|---|---|---|
| 제목 | 기획 스토리의 헤드라인 + 큰 제목을 보강하는 부제 | | |
| 목적 · 배경 | 왜 이 기획을 시작했는가, 하려는 것이 정확히 무엇인가. | | |
| 문제점 · 장애 요인 | 기획을 진행하기에 현재 상황이 어떤가. | | |
| 구체적인 목표 | 기획을 통해 무엇을 얼마나 얻고자 하는가. | | |
| 논리적 근거 | | | |
| 전략 · 실행 방안 | 1) | 2) | 3) |
| | · | · | · |
| | · | · | · |
| | · | · | · |
| 일정 · 계획 | 날짜 | 날짜 | 날짜 |
| | 날짜 | 날짜 | 날짜 |
| 예산 | 산출 내역 | | |
| | | 총        원 | |
| 첨부 | | | |

---

1  패트릭 G. 라일리, 안진환 역, 『The 1 Page Proposal—강력하고 간결한 한 장의 기획서』, 을유문화사, 2002.

# 자신의 글쓰기 주제를 가지고 내용을 구성해 봅시다(개인 활동).

학과                             학번                          이름

## 1. 3장 구성(가장 중요한 내용, 필요한 내용을 적습니다)

- 서론 :

- 본론 :

- 결론 :

## 2. 5장 구성(서론과 결론은 그대로 두고 본론을 세 개의 장으로 늘려 보세요)

- 서론 :

- 본론 A :

- 본론 B :

- 본론 C :

- 결론 :

**3. 항목식 개요**(1과 2를 조합하고 내용을 보충해 목차의 형태로 작성하세요)

- 서론

- 본론 A

- 본론 B

- 본론 C

- 결론

**4. 3을 수정, 보완, 확장하여 "요점식 개요"를 작성합니다.**

# 유추

유추(類推)는 비교의 한 유형입니다. 잘 알려지지 않은 것과 잘 알려져 있는 것을 연결해 다루는 특별한 서술 방식입니다. 비교는 대상 간의 긴밀한 관계가 중요합니다. 운동은 운동과 동물은 동물과 비교하는 것이 원칙이지요. 그러나 유추는 조금 다릅니다. 유추의 목적은 잘 알려진 것을 통하여 알려지지 않은 것을 설명하는 것입니다. 그럼에도 불구하고 유추 역시 다루는 대상들 간의 유사성이 반드시 필요합니다. 유추는 대개 다루는 두 대상을 미리 밝히고 서술을 시작하는데요. '인생은 등산이다', '보험은 우산이다'와 같은 비교가 여기 해당합니다. 어찌 보면 말들의 잘못된 만남인 셈이지만 이전에는 없던 독특하고 참신한 표현을 찾을 수도 있습니다.

예 밤이 선생이다.
　　나는 이 세상에 없는 계절이다.

예 사랑은 솜사탕이다.
　　조금 거리를 두면 포근하고 부드럽고 풍성하지만 너무 가까워지면 녹아버려 끈적이
　　고 뭉치고 쪼그라든다.
　　사랑은 밥이다.
　　잘 씻고 익히고 뜸을 들여야 맛있게 지어진다.

개요 작성 글의 설계도를 만들어 보아요

**유추해 볼까요?**

  다음 장의 종이를 절취하여 반으로 접어 주세요. 접은 종이의 왼쪽에는 명사형 단어를 씁니다. 좋아하는 단어들(여행, 공강, 음악, 치킨, 봄 등)로 쓰세요. 많이 쓸수록 좋아요. 오른쪽에는 서술형 표현(예쁘다. 크다. 멋있다. 우울하다. 보다. 졸리다 등)을 씁니다. 역시 많이 쓸수록 좋아요. 눈을 감고 왼쪽 단어 중 하나를 고르세요. 그리고 다시 눈을 감고 오른쪽 단어 중 하나를 고르세요. 두 표현을 조합해 새로운 의미의 문장을 만들어 보세요. 강제 결합의 방식으로 관계를 창조해 보는 것입니다. ※ 이런 식의 단어 매칭을 Random Word Brainstorming이라 부르기도 합니다.

  왼쪽 오른쪽을 나눠 친구와 같이 만들어 보세요. 더 재미있습니다. 마찬가지 방식으로 새로운 표현을 찾아 아래의 문장을 완성해 보세요.

● 청춘은 _____ 이다. _____ 다.

● 취업은 _____ 이다. _____ 다.

● 연애는 _____ 이다. _____ 다.

092

글을 쓰기 위해서 가장 먼저 해야 할 일은 '무엇'에 대하여 쓸 것인지 정하는 것입니다. 즉 주제를 정해야 합니다. 주제 정하기는 자신이 글을 통해 드러내고자 하는 바가 '무엇'인지, 독자가 글을 읽음으로써 '무엇'을 알 수 있으면 하는지의 문제와 관련된 과정입니다. 글쓰기에 서툰 사람들은 막연한 주제 잡아 글을 쓰기도 합니다. 화제는 광범위하고 포괄적인 글감일 뿐입니다. 화제를 구체화하는 과정을 통해 다루려는 내용의 범위를 정해야 합니다. 그렇지 않으면 추상적이고 일반적인 내용의 글이 나올 수밖에 없습니다. 주제가 잡혀야 명확하고 깊이 있는 내용의 글을 쓸 수 있습니다. 독자 또한 자신이 어떤 내용의 글을 읽는지 깨달을 수 있습니다. 이러분이 위에 쓰신 글자, 글기 범위, 기대 효과가 바로 우리가 꼭 유할 독자 분석과 관련이 있습니다. 독자

입니다. 마지막 독자 분석이 잘못되었다
보는지, 자시소개식, 지회안, 주장하는,
하나입니다. 독자 분석을 할 때 고려해야
다. 이러한 것은 '독서'를 통해서도 할수
는 물음이면 '가', 대기 쓴 글, 독자의 글
제를 고려해야 합니다. 내가 쓰려는 내용
을 고려해야 하지라. 예상독자가 대 글수
다. 이처럼 독자는 글쓰기의 전 과정에서

에 속해 있는지도 생각해야 합니다. 그렇다면 보고서를 쓸 때에는 어떻게 해야 할까요? 글감을 구체화하는 방법에는 브레인스토밍, 마인드맵 등이 있습니다. 글감과 관련된 생각을 자유롭게 나열한 후, 비슷한 것들끼리 묶거나 상·하위 범주로 나누는 등의 분류 과정을 거쳐 다루고 싶은 내용을 추려내면 막연했던 글감을 주제로 구체화할 수 있습니다. 자 분석을 할 때 고려해야할 것은 독자의 연령, 사회적 배경, 지식수준, 담화공동체 등이 있습니다. 이러한 것은 '독서'를 통해서도 알 수 있으며 글을 쓰기 전에 미리 정해 보아야 합니다. 글을 쓰면서도 물음이면 '가', 대기 쓴 글, 독자의 관계에 대해 점차가 보아야 합니다. 글의 주제와 예상독자와의 관계를 고려해야 합니다. 내가 쓰려는 내용을 예상독자에게 전달할 수 있는 가장 적합한 말의 종류와 문체를 고려해야 합니다. 예상독자가 대 글에서 기대하는 바가 무엇인지에 따라 글의 내용을 수정해야 합니다. 이처럼 독자는 글쓰기의 전 과정에서 고려해야 하는 대상입니다. 독자에

# 글쓰기를 연습해 볼까요?

# '나'를 소개해 보아요 자기소개서

취업을 위해서, 아르바이트를 위해서, 동아리 가입을 위해서. 이 외에도 자기소개서를 쓰는 경우는 많습니다. 자기소개서는 독자와 쓰는 목적이 분명한 문서입니다. 따라서 독자와 목적에 맞추어 조직되고 완결된 한 편의 글이 되어야 합니다. 그렇기 때문에 '나는 어떤 사람이다.'라는 주제 역시 필요합니다.

자기소개서를 쓰는 과정은 다른 글쓰기의 과정과 다르지 않습니다. 주제를 정하고 자료를 수집하고, 내용을 구성할 때에는 자연스러운 연결이 있어야 합니다. 다만 그 주제와 자료가 '나'에 대한 것이라는 점이 특별할 뿐입니다.

## 1. '나'에 대한 자료 수집

'나는 어떤 사람인가'에 대해 생각해 보면 막연할 뿐 잘 생각나지 않습니다. 이때 키워드 매트릭스를 활용해 봅시다. 손쉽게 '나'에 대한 문장을 여러 개 만들 수 있습니다. 이 문장들을 이용하여 나는 어떤 사람인지 생각해 보면 '나'에 대한 파악이 훨씬 수월해집니다.

또한 자기소개서의 내용은 '구체적인 경험'과 함께 써야 합니다. 그런데 내가 언제 어떤 경험을 했는지 생각해 내는 것은 쉽지 않습니다. 이때에는 '나의 인생 연대기'를 작성해 봅시다. 연대기는 장차 내 자기소개서를 위한 데이터베이스가 되어 줄 것입니다.

## 2. 자기소개서의 구성

자기소개서는 제출할 곳에 따라 내용과 분량을 지정하는 경우와 '자유롭게' 쓰는 경우로 나뉩니다. 그러나 일반적으로 성장 과정, 성격의 장단점, 학창 시절과 경력 사항, 지원 동기, 입사 후 계획 등의 내용을 포함합니다.

### 1) 성장 과정

성장 과정은 자기소개서의 시작 부분입니다. 따라서 첫 문장에서 독자의 흥미를 유발해야 합니다. '저는~'으로 시작되는 자기소개서는 읽는 사람의 흥미를 유발하기 어렵습니다. 몇 가지 흥미로운 '시작' 방법을 소개하겠습니다.

#### ① 이름 풀이로 시작하는 방법

이름 풀이를 하거나, 이름을 갖게 된 사연으로 시작하면 색다른 첫 문장을 작성할 수 있습니다.

예 鐵樹, 강철같은 나무가 되라는 뜻으로 조부께서 지어 주신 이름입니다. 맞벌이로 바쁘신 부모님을 대신하여 조부모님께서는 어린 시절 저를 돌봐주셨습니다. 조부께서는 어린 시절 제게 '줏대있는 남자가 되라'고 늘 말씀하셨습니다. 이름의 영향인지, 조부께서 늘 해 주신 말씀 덕분인지 저는 어떤 결정을 하든지 늘 깊이 생각하고 계획하였고, 끝까지 그 일을 마무리 지었습니다.

### ② 고향 이야기로 시작하는 방법

태어나 자란 곳 역시 성장 과정 항목을 시작하는 데 흥미로운 내용이 될 수 있습니다.

> **예** 탁 트인 바다, 너른 백사장. 언제나 뛰놀던 제 고향 거제의 모습입니다. 어린 시절 수평선을 바라보며 친구들과 백사장을 달리면서 넓은 세상을 꿈꿨습니다.

### ③ 가훈으로 시작하는 방법

특별한 가훈이 있다면 가훈으로 시작하는 것도 하나의 방법이 될 수 있습니다. 가훈은 성장 과정에서 큰 영향을 미치는 가풍을 형성하기 때문입니다.

> **예** '사람으로서 할 수 있는 일을 다 한 후, 하늘의 뜻을 기다리라'는 가훈처럼 언제나 최선을 다하며 자랐습니다. 어린 시절 아버지께서 돌아가시는 바람에 홀로 어렵게 집안을 책임지시는 어머니의 모습은 제게 가훈을 더욱 가슴 깊이 새기도록 만들었습니다.

### ④ "말씀"으로 시작하는 방법

부모님, 조부모님 등 어린 시절 함께한 어른들이 흔히 하시던 말씀은 가훈과 마찬가지로 삶에 영향을 주게 마련입니다. 특히 " "로 표시된 구어체의 문장은 독자의 흥미를 더욱 자극할 수 있습니다.

> **예** "남자가 칼을 뽑았으면 무라도 썰어야 한다."
> 어머니께서 저에게 자주 하시던 말씀입니다. 어머니께서는 직업 의식이 매우 강한 분이십니다. 언제나 제게 이 말씀을 하시며 어떤 일이든 쉽게 포기하지 말라고, 끝을 보라고 가르쳐 주셨습니다.

이와 같이 다양한 방법으로 서두를 구성할 수 있습니다. 그런데 성장 과정은 그 사람의 성장 배경을 알아보고자 하는 면에서 요구할 수도 있지만, 한 편의 글이라는 점에서 뒤에 이어질 내용과의 관련성에 대해서도 생각해야 합니다. 또한 성격을 형성하는 배경이 됩니다. 이 점을 염두에 두고 내용을 서술해야 합니다.

성장 과정을 서술할 때에는 두 가지를 기억해야 합니다.

첫째, 글의 서두로 독자의 흥미를 유발할 만한 첫 문장을 가져야 한다는 것.

둘째, 성격의 배경지식 역할이 될 수 있어야 한다는 것.

## 2) 성격의 장단점

성격의 장점과 단점은 내용상 연결되어야 합니다. 그리고 어떤 성격이든 반드시 좋은 점만 있는 것은 아닙니다. 성격의 장점과 단점을 기술하는 항목이라고 해서 단점을 서술한 후 이 항목에 대한 서술을 마치면 안 됩니다. 단점을 극복하기 위해 어떤 노력을 했고, 그로써 어느 정도 극복되었는지까지 반드시 서술해야 합니다.

**예** 성격의 장점과 단점의 연결

| 장점 | 단점 |
|------|------|
| 명랑 활발 | 덤벙거림 |
| 성실함 | 융통성 없음 |
| 신중함 | 결정이 느림 |
| 배려깊음 | 자기 일을 챙기지 못함 |

## 3) 학창 시절과 경력 사항

성장 과정이 성격 형성 과정을 드러내는 초등학교 시절 정도를 서술한다면 학창 시절 항목에서는 중고교, 대학 시절에 대해 서술해야 합니다. 그렇게 해야 성장 과정과 내용이 겹치지 않습니다.

학창 시절의 경험은 교우 관계, 수상 경력, 봉사 활동, 동아리 활동 등을 적을 수 있지만 지원하는 직무 능력과 관련된 활동 위주로 적는 것이 좋습니다.

### 4) 지원 동기

지원 동기에는 정말로 오래전부터 이곳에 지원하기 위해 준비했다는 점을 강조할 필요가 있습니다. 해당 기업의 좋은 점을 기술하고, 기업의 특성이 자신과 얼마나 관련 있는지에 대한 서술이 필요합니다. 또한 자신의 능력과 지원 업무의 관련성을 강조하여 충분히 성과를 낼 수 있는 인재임을 드러내야 합니다.

### 5) 입사 후 계획

'열심히 하겠습니다.' '업무에 성실하게 임하겠습니다.' 등은 누구나 할 수 있는 말이며 실체가 없는 다짐일 뿐입니다. 따라서 입사 후 계획에 이러한 말들을 나열하는 것은 의미가 없습니다.

자신의 지금까지 키운 능력으로 지금 해당 기업의 해당 분야에서 진행하고 있는 업무의 어떤 부분을 담당할 수 있다는 것을 밝혀야 합니다.

이를 위해서는 해당 기업에 대한 실제적 조사가 필요합니다.

## 3. 자기소개서 작성법

모든 글이 마찬가지이지만 자기소개서는 독자가 분명한 글쓰기입니다. 또한 독자가 합격, 불합격의 결정권을 갖게 되는 경우가 많습니다. 따라서 철저하게 독자 위주의 글쓰기가 되어야 합니다. 그렇기 때문에 다음의 작성법만큼은 꼭 지켜야 합니다.

① 오탈자가 없도록 합니다.
② 정확한 표현으로 작성합니다. (줄임말, 신조어 등을 피한다.)

③ 지정 분량을 엄수합니다.

미리미리 작성하여 실수가 없도록 해야 합니다. 자기소개서의 실수는 불성실한 인상을 줄 수 있기 때문입니다.

## ▪️ 예시

### 성장 과정과 성격의 장단점 연결 예시 (학생글)

> "매사에 최선을 다하고 성실한 사람이 되어라"
>
> 어머니께서 무엇보다 강조하신 말씀입니다. 어머니께서는 제가 좋은 결과로 기뻐할 때에도 좋지 않은 결과로 낙담할 때에도 항상 과정에서 최선을 다했는지를 물으셨습니다. 그래서 후회하지 않게끔 도와주셨습니다. 저는 언제나 최선을 다하고자 노력했고 그 결과 성공 여부에 상관없이 후회하지 않을 수 있었습니다.
>
> 어머님의 가르침대로 성실하게 살아온 저는 초·중·고 시절 지각 한번 없이 모두 개근상을 받았습니다. 또한 사소한 일일지언정 맡은 일은 끝까지 해내고자 노력했습니다. 묵묵히 행동하며 만들어낸 성실함을 바탕으로 신뢰를 얻을 수 있었습니다. 그 결과 고등학교 3년 내내 학급 총무를 맡아 활동했습니다.
>
> 끈기와 근성은 저의 장점입니다. 고등학교 시절 풀리지 않는 문제가 있으면 다른 일을 제쳐두고 그 문제에 몰두하곤 했습니다. 답지를 보면 되지 왜 한 문제만 붙잡고 있냐는 말을 들은 적도 있습니다. 하지만 끈기 있게 매달려 해결한 문제는 단순히 지식을 얻는 것 이상으로 큰 가치인 성취감을 가져다주었습니다. 그 후 저는 어려운 문제에 직면해도 포기하지 말고 해 보자는 마음을 갖게 되었습니다. 그리고 끝까지 매달려 최선의 결과를 만들어 냈습니다. 이러한 마음가짐은 하루하루 저를 발전시키는 원동력이 되었습니다.

## 취업용 자기소개서

"화합하며 빛나는 별이 더욱 가치 있다." (자기소개)

저의 가장 큰 장점은 새로움에 대한 빠른 적응력, 융화력과 긍정적인 마인드입니다.

대학에서 청소년교육상담학과를 복수 전공하였습니다. 새로운 학문을 배운다는 설렘도 잠시, 타과 학생은 혼자뿐인 수업 시간은 낯설고 힘든 환경이었습니다. ―꿀벌은 물을 마셔서 꿀을 만들고 뱀은 물을 마셔서 독을 만든다.―는 저의 생활 신조입니다. 긍정적 마음가짐으로 나만의 순도 100% 의 꿀을 만들자는 생각을 하였습니다. 이러한 저의 긍정적 마음가짐으로 선배이건 후배이건 주저하지 않고 먼저 다가가 그들과 어울리기 위해 노력하였습니다. 졸업을 하였지만 그때의 인연으로 인생의 조언자 또는 좋은 친구로의 관계를 잘 유지하고 있습니다.

저는 어렵거나 불편한 상황일지라도 반드시 좋은 방향으로 해결하는 길이 있다는 생각으로 적극적으로 나서서 행동하는 스타일입니다.

사회생활을 시작하면서부터는 나 혼자만 잘하는 것이 아닌 특히 인간적인 면, 구성원들의 상호 존중하는 마음과 화합이 프로의 업무 수행 능력만큼 중요하다는 생각으로 직장 생활을 했습니다.

"긍정의 도미노" (성장 과정)

초등학교 때 반 아이들에게 칠판에 문제를 적어 주는 일을 하였습니다. 첫날 너무 집중한 나머지 치마가 다 올라간 줄도 모르고 썼던 기억이 납니다. 너무 창피해서 종일 울던 저에게 어머니께서는 "네가 그 만큼 열심히 했다는 뜻이고 선생님께 칭찬까지 받았으니 좋은 일 아니겠니."라고 하셨습니다.

그 후로 무슨 일이든 긍정적인 면을 바라보는 시각을 갖게 되었습니다. 이러한 긍정적인 마음가짐은 실패를 맛보는 경우에도 좌절하지 않고 다시 재도전할 수 있게 해주었으며, 이는 제가 더 넓은 분야로 나아갈 수 있는 인생의 터닝 포인트가 되었습니다.

"노(no)를 거꾸로 쓰면 전진을 의미하는 온(on)이 된다."(지원 동기 및 포부)

살면서 당연한 일은 없으며 어려운 일에는 반드시 문제를 푸는 길이 있다는 생각으로 자신에게 너그러워지지 않도록 끊임없이 도전하고 노력해왔습니다.

2년 1개월의 재직 기간 동안 교육 콘텐츠 개발, 강의 개발, 교안 제작 및 편집, 교사 및 학생 관리, 학습 상담(학습 코칭, 수강, 결제, 서비스 안내)을 통한 교육 과정 운영 및 관리 전 바운드에서의 관련 업무 경험을 쌓아 왔기 때문에 전반적인 교육 행정 업무 흐름 이해에 능숙합니다. 특히 학생 관리와 학습 상담 업무 경험이 있기 때문에 고객 지향적 서비스 업무에도 익숙합니다. 또한 기본 오피스 프로그램 활용에 어려움이 없으며, 새로운 시스템에 관심이 많고 습득 및 활용 능력이 빠른 편입니다.

재직 기간 2년 1개월이 긴 시간은 아니지만, 남들보다 다양한 경험과 업무를 잘 수행해왔다고 자부합니다.

새로운 곳에 대한 빠른 적응력, 융화력과 긍정적인 마인드는 저만의 장점이자 무기입니다. 그 누구보다 열정적으로 임하겠습니다. 회사의 발전을 함께 이끌어 갈 기회를 주신다면 미래 가치를 높이는 일에 긍정적인 결과를 가지고 올 수 있도록 솔선수범하겠다는 다짐으로 지원합니다.

저에게 인터뷰 기회를 꼭 주시길 바랍니다.

104

## ■ 활동

**키워드 매트릭스를 통해 '나'에 대한 문장을 작성해 봅시다.**

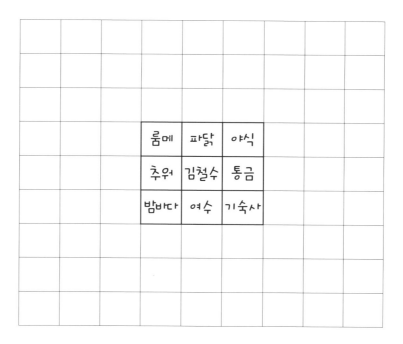

문장
김철수는 여수 출신으로 기숙사에 사는데 통금 때문에 룸메이트와 좋아하는 야식 '파닭'을 자주 먹지 못해 항상 고향의 밤바다가 생각나며 마음이 추워진다.

9개의 키워드를 모두 이용하면 이와 같은 조금은 길고 두서없는 문장이 됩니다. 그렇기 때문에 반드시 3개 이상의 키워드를 이용하되, 9개의 키워드를 모두 이용하려고 하지 않아도 됩니다.

자기소개서 '나'를 소개해 보아요

| | | | | | | | | |
|---|---|---|---|---|---|---|---|---|
| | 1 | | | 2 | | | 3 | |
| | | | | | | | | |
| | | | 1 | 2 | 3 | | | |
| | 4 | | 4 | 나 | 5 | | 5 | |
| | | | 6 | 7 | 8 | | | |
| | | | | | | | | |
| | 6 | | | 7 | | | 8 | |
| | | | | | | | | |

STEP 3  글쓰기를 연습해 볼까요?

**키워드를 구체적인 문장으로 만들어 봅시다.**

| | |
|---|---|
| 나 | |
| | |
| | |
| | |
| | |

**인생 연대기를 작성해 봅시다.**

　지금까지 살아온 삶의 각 시기에 어떤 일이 있었는지에 대한 경험을 3-4개씩 적어 봅시다. 경험은 육하원칙이 모두 들어가도록 정리합니다. 이 경험들은 자기소개서의 에피소드로 활용할 수 있습니다. 또한 대학 생활을 하면서 경험하고 싶은 주요 활동과 얻고자 하는 점을 나열해 봅시다. 실행한다면 졸업 후 여러분들의 자기소개서의 '대학 시절 경험'으로 활용할 수 있습니다.

| 시기 | 사건 (육하원칙으로 기술) |
|---|---|
| 미취학<br>시기 | |
| 8세<br>~13세 | |
| 14세<br>~대학<br>입학 전 | |

| 대학<br>생활의<br>계획 | |
|---|---|
| | |
| | |
| | |
| | |
| | |

**다음 자기소개서의 문제점을 찾아보고, 잘못된 부분을 수정해 봅시다.**

저는 2001년 경기도 수원에서 엄격하신 아버지와 자애로운 어머니 사이에서 1남 1녀의 장남으로 태어났습니다. 어린 시절 제 별명은 '번쩍이'였습니다. 아파트 단지에 주차된 차들 사이를 누비며 뛰어다니는 제 모습을 보신 어르신들께서 갑자기 번쩍 번쩍 나타난다고 지어 주신 별명입니다. 제가 주차장의 자동차 사이를 돌아다녔던 것은 자동차에 대한 관심 때문이었습니다. 저마다 다른 자동차의 겉모습뿐만 아니라 앞 좌석 옆으로 가야 볼 수 있었던 자동차 실내를 보고 싶었기 때문에 저는 자동차 사이 사이를 누빌 수밖에 없었습니다. 가끔 고가의 자동차를 들여다보다 차를 상하게 할까 걱정하는 어른들에게 호되게 야단을 맞기도 하였지만 제 자동차에 대한 관심을 막지는 못했습니다.

**'교환학생' 지원을 목표로 자기소개서를 작성해 봅시다. (공통 과제)**

교환학생 지원 프로그램과 교환 학생 파견 대상 학교는 학교 홈페이지를 통해 확인할 수 있습니다. 이를 통해 자신이 가고 싶은 학교를 구체화하고, 파견 목적에 맞는 교환학생 지원용 자기소개서를 A4 2매 이내로 작성하여 제출합니다.

학과                    학번                    이름

# 인과

인과(因果)는 논리적인 글에서 중요하게 사용되는 서술 방법입니다. 인과 관계를 중시하는 글쓰기 종류는 대체로 분석적인 설명일 가능성이 높습니다. 그렇기 때문에 너무 단순하게 나열하는 것보다는 일정한 기준에 따라 구분하여 어떤 사건을 체계적으로 드러내는 것이 좋습니다. 그래야 설명해야 할 대상을 구체적이고 입체적으로 표현할 수 있습니다. 원인과 결과는 연쇄적으로 맞물리는 경우가 많습니다. 즉 어떤 원인이 특정 결과를 낳고 그 결과가 원인이 되어 또 다른 결과를 낳게 되지요. 인과적 서술을 할 때는 이 연쇄적 현상에 특히 유의하여 작성해야 합니다.

> 예 남의 눈에 눈물 나게 하면 내 눈에 피눈물 난다.
> 20년간 꾸준히 노력한 끝에 그는 결국 그 분야에서 성공했다.

## 인과 오류

> 예 "네가 살이 찐 건 운동을 안 해서야"
> – 비만의 원인이 운동 부족이라 확신할 수 없음.
> "우리 아이는 눈이 커서 겁이 많아"
> – 겁이 많은 것의 원인이 꼭 눈이 큰 것일 수 없음.

## 인과 관계를 설명해 보세요.

- 스마트폰과 내 생활

- 인공지능과 직업 변화

- 일회용품과 수질 오염

TIP

호박벌의 날개

# 02

# 생각을 표현하고 나눠 보아요

## ▬ 활동

어제 먹은 점심이나 자신의 SNS에 올린 음식 사진에 대해 맛을 표현해 봅시다.

예 딸기의 달콤하고 새콤함과 케이크의 부드럽고 촉촉함이 한데 어우러져 환상의 하모니를 연출한다. 입 안 가득 딸기향이 확 퍼지면서 새싹이 파릇파릇 돋는 봄이 눈 앞에 펼쳐지는 듯하다.

감상문은 영화, 연극 등의 작품을 관람하거나 책을 읽은 후에 자신의 생각이나 느낌을 적은 글을 말합니다. 감상문은 자신만의 관점으로 작품을 깊이 있게 이해하기 위해 고민하고 통찰했는지 살피기 위해 작성합니다. 그렇기 때문에 단순히 '재미있다, 슬프다, 통쾌하다' 등의 일차적인 표현으로 끝내면 안 됩니다. 작품을 감상하면서 느낀 개인적인 감상을 자유롭게 쓰되, 왜 그런 느낌이 들었는지에 대한 근거를 작품을 통해 밝혀야 합니다. 그러기 위해서 작품을 좀 더 집중해서 감상하고 자신에게 감동을 주었거나, 인상 깊게 느껴진 부분 등을 잘 살피는 것이 좋습니다.

일반적으로 감상문은 서론, 본론, 결론의 완결된 한 편의 글로 작성합니다. 좋은 감상문을 작성하기 위해서는 작품의 이면에 숨겨진 의미를 잘 찾아내는 것이 중요합니다. 그렇다고 작품을 깊이 있게 이해하기 위해 작가나 작품에 대한 전문적인 정보를 필요로 하는 것은 아닙니다. 감상문은 학술적인 연구 결과물이 아니기 때문에 반드시 참고문헌이나 각주를 요구하지 않습니다. 개인적인 경험과 연결하여 작성하거나 사회적인 맥락에서 작품의 의미를 서술하는 것도 좋은 감상문을 작성하는 방법입니다.

이것만은 기억하세요!

작품을 감상하면서 느꼈던 모든 감정들을 나열해 봅니다.

나열한 단어를 토대로 주제를 정하고 개요를 작성합니다.

줄거리는 쓰지 않도록 합니다.

작품에 대한 느낌이나 인상을 작품 속에 드러난 내용을 근거로 제시합니다.

독자가 글을 읽고 싶도록 제목을 정합니다.

# ▪ 예시

**감상문을 읽어 봅시다.**

아래 글은 〈지식채널e〉 '거대 우주선 시대' 영상을 보고 학생이 작성한 것입니다.

## 거대 우주선 시대-소통의 부재

우리는 살면서 다양한 수단을 통하여 끊임없이 무엇인가와 소통한다. 밥을 먹으며 친구들과 대화로 소통하고 휴대전화로 부모님께 안부전화를 드리며 기숙사에 들어와 하루를 되돌아보며 쓰는 일기로 나 자신과 소통한다. 그런데 우리의 매순간 차지하는 무언가와의 소통이 과연 제대로 이루어지고 있다고 말할 수 있을까?

SNS 메시지를 이용한 친구와의 대화에서 진심어린 축하의 말을 원했던 친구에게 나는 축하의 메시지를 담은 기프티콘을 보낸다. 이처럼 서로가 원하는 소통이나 표현의 방식이 다른 경우 결국은 서로의 진심을 오해하고 소통의 관계가 틀어질 수 있다. 또한 자신의 직원들에게 항상 명령하는 팀장처럼 상대를 생각하는 마음 없이 이루어지는 일방적인 소통은 진정으로 소통이 이루어진다고 말할 수 없다.

이 동영상에서는 크게 2가지의 소통 관계가 드러났다. 첫 번째로 인류와 거대 우주선의 소통이다. 인류는 거대 우주선이 지구에 머물렀던 10년 동안 자기 자신만의 방식으로 계속하여 소통을 시도했다. 거대 우주선에서는 인류의 소통에 대해 아무 반응도 하지 않았는데 나중에 알고 보니 거대 우주선은 인류를 제외한 다른 동물들과의 소통을 원했을 뿐 인류와의 소통은 고려조차 하지 않았던 것이다. 여기서 둘의 각각의 문제가 드러난다. 거대 우주선은 인류의 소통에 기꺼이 응하려는 마음을 가지지 않았다. 오류의 레코드판에서 본 인류에 대한 선입견을 그대로 가지고 상대의 존재 자체를 인정하지 않았다. 인류는 10년 내내 자신의 소통방식을 고집했다. 물론 전파를 이용하거나 빛을 이용하는 등 여러 가지 방법을 생각했겠지만, 그것은 모두 인류가 소통하는 방식 내에서 달라졌을 뿐 거대 우주선의 입장에서 그들과 소통하기 위한 방법을 고민하려는 노력이 부족했다고 볼 수 있다.

두 번째는 인류와 동물 간의 소통이다. 이 둘은 지구에 공존하며 위의 소통 관계보다는 소통 정도가 더 나았다고 말할 수 있다. 동영상에서처럼 실제로 동물들에게 알파벳과 같은 인류의 말을 가르쳐 의사소통한 사례도 있다. 하지만 위의 문제의 연장선에서 바라보면 인류는 동물을 대할 때 동등한 관계라는 생각이 조금 부족했던 것 같다. 그러기에 그들을 이해하려는 노력보다는 동물들을 훈련시키고 인류의 것을 가르치려한 것이다.

두 개의 소통관계 모두 제대로 소통된 관계라고 보기 어렵다. 이 문제의 근본적 원인에는 상대방에 대한 관심과 이해가 있다고 생각한다. 거대 우주선이 인류에 대한 선입견을 묻어둔 채 인류에게 새로운 관심을 가졌다면, 인류가 거대 우주선과 동물을 자신과 다른 동등한 상대로 인식하고 이해하려 노력했다면 거대 우주선 시대에서 거대 우주선과 소통이 되지 않고 동물들이 인류를 떠나는 상황에 직면하지 않았을 것이다. 이 동영상은 진정한 소통의 의미와 우리가 가져야 할 자세에 대해 고민하는 계기가 되었다.

영화 감상평

STEP 3  글쓰기를 연습해 볼까요?

## ▬ 활동

**요즘 인기 있는 뮤직비디오를 감상한 후에 느낀 점을 자유롭게 써 보세요.**

학과                    학번                    이름

_____

_____

_____

_____

_____

_____

_____

_____

_____

_____

_____

_____

_____

감상문 생각을 표현하고 나눠 보아요

# 논증

논증(論證)은 근거를 들어 설득하는 방식의 글쓰기입니다. 설득은 감성에 호소하는 방법과 논리에 기대는 방법으로 나뉘는데요. 논증은 감성보다는 논리에 의지해 남을 설득하는 방법입니다. 논리에 호소하는 글이기에 기본적으로 논리적 오류가 없어야 합니다. 논리적 사고가 전제되어야 하는 논증을 잘하기 위해서는 감정적이거나 충동적인 표현, 극단적인 표현을 배제하고 맥락을 따져 가면서 타당성을 확보하며 자신의 주장을 펼쳐가야 합니다. 논증할 때는 다음 사항을 주의하세요.

- 다른 사람의 의견을 비판적으로 분석하고 자신의 견해 역시 비판적으로 검토합니다.

- 주장을 여러 번 반복하지 않고 글의 처음이나 끝에서 간명하게 제시합니다.

- 간결하고 건조한 문체를 사용하고 꾸미는 말은 피합니다.

- 일반적인 논리적 오류들을 알아두세요.


**논리적 오류를 알아볼까요? 다음 오류에 해당하는 문장을 만들어 보세요.**

- 흑백논리의 오류 :

_____

- 성급한 일반화의 오류 :

_____

감상문  생각을 표현하고 나눠 보아요

● 인신공격의 오류 :

_____

● 원천봉쇄의 오류 :

_____

● 논점일탈의 오류 :

_____

● 순환 논증의 오류 :

_____

STEP 3 글쓰기를 연습해 볼까요?

# 03

# 누구나 '연구'할 수 있어요 학술적 에세이

학술적 에세이는 글쓴이의 독창적인 관점이 나타난 짧은 형식의 글쓰기를 말합니다. 독창적 관점에 초점을 맞추기 위해서는 안락사, 사형제도, 기여 입학제, CCTV 설치 문제, 인터넷 실명제 등 내용이 대부분 규격화되어 있는 제재는 과감히 버려야 합니다. 논증을 바탕으로 작성해야 하는 글이기에 자신만의 논리로 증명해 나갈 수 있는 주제를 잡는 것이 필요합니다. 가능하다면 자신의 주변 문제에 귀기울여 보고 그 안에서 해결해야 되는 일들을 짚어서 주제를 잡는 것도 좋은 방법입니다.

학술적 에세이를 쓰기 위해 필요한 것은 독창적 관점, 텍스트에 대한 이해, 문제의식, 문제 해결을 위한 판단력, 논리적인 전달력, 개성적 표현 등입니다. 독창적 관점을 강조하다 보면 자신을 직접적으로 드러내는 과도한 자기 노출의 글이 되기도 합니다. 학술적 에세이는 학술적 글쓰기로서 글의 논리를 유지해야 한다는 점을 잊지 말아야 합니다.

학술적 에세이 쓰기의 경험은 앞으로 계속해서 쓰게 될 대학 리포트, 소논문, 학위 논문 등을 쓰기 위한 기본적인 소양(주석, 인용, 참고문헌 등)을 활용해 보면서 자신만의 논리를 세우는 적은 분량의 글을 연습해 보는 것입니다. 앞에서 배운 글쓰기의 과정을 잘 반영하면서 글을 전개해 나가는 것이 중요합니다. 그렇다고 하여 문장을 논문처럼 딱딱하고 건조하게 쓸 필요는 없습니다. 자신의 개성을 살려 부드럽고 자연스러운 문장으로 글을 써 내려가면 됩니다.

주제를 독창적으로 나타낼 수 있는 제목을 붙여 보세요.

주관적인 경험을 지나치게 객관화하지 마세요.

글쓰기 윤리를 기억하세요.

## ■ 예시

---

### 아산시 환승할인, 어디까지 받아봤니?

○○학과, 20○○○○○○ 홍길동

〈목차〉

Ⅰ. 머리말

Ⅱ. 환승할인 정책의 현황

  1. 전국 환승할인 정책

  2. 아산시 환승할인 정책

Ⅲ. 아산시 환승할인 정책 시행의 문제점

  1. 다른 시도와의 형평성 문제

  2. 지자체의 예산 부족

Ⅳ. 아산시 환승할인 정책의 방향

  1. 환승할인 정책안 마련

  2. 정부의 예산 지원 확대

Ⅴ. 맺음말

---

# Ⅰ. 머리말

2008년 12월 15일 천안–아산 간 수도권 전철이 개통되었다.[1] 수도권 전철의 개통과 함께 온양온천을 찾는 방문객 수가 늘어났다. 아산에서 서울까지 수도권 전철로의 이동시간이 2시간이면 가능해졌다.[2] 편리한 교통 때문에 수도권에서 통학 거리 있는 대학들은 학생 유치가 한결 수월해졌다. 아산에는 순천향대학교, 호서대학교, 선문대학교, 유원대학교 등 5곳의 대학교가 자리하고 있다. 수도권 학생들은 저렴한 비용으로 전철을 이용한 통학이 가능하다는 장점 때문에 아산에 있는 대학을 선호하게 되었다. 그런데 아산시에서는 아직 수도권통합환승할인 시스템이 갖추어져 있지 않다. 전철을 타고 내린 사람들이 다시 아산시내의 버스를 이용하려면 성인 요금으로 현금 1,400원(카드 1,350원)의 요금을 내야 한다. 이와 같은 요금은 통학생들에게 큰 부담으로 다가온다. 하루 왕복 2,800원이면, 한 달에 56,000원을 추가로 부담해야 한다. 저렴한 비용의 교통비로 통학이 가능하다는 장점이 환승할인의 미적용으로 퇴색되고 있다. 아산시의 환승할인 정책은 불가능한 일인 것일까?


# Ⅱ. 환승할인 정책의 현황

## 1. 전국 환승할인 정책

환승할인 정책은 서울시에서 대중교통 이용을 활성화하기 위해 시작하였다. 2001년 고건 서울시장 시절 시범사업으로 도입했던 것이 토대가 되어 2004년, 이명박 전 대통령이 추진한 대중교통 대개편 이후 본격화되었다.[3] 수도권을 시작으로 부산, 대구·경북권, 대전·세종 근교, 강원도 등 지방 시 단위와 일부 군 단위에서도 환승할인이 적용되고 있다. …(후략)…

---

1) "천안–아산 간 수도권 전철 15일 개통", 『대전일보』, 2008.12.15. http://www.daejonilbo. com/news/newsitem.asp?pk_no=793025, (2020. 1. 26 검색).
2) "아산서 전철 타니 2시간만에 서울", 『세계일보』, 2008.12.16. http://www.segye.com/ newsView/20081215003611, (2020. 1. 26 검색).
3) 나무위키, 검색어: 환승할인, https://namu.wiki/w/%ED%99%98%EC%8A%B9%ED%95%A0 %EC%9D%B8, (2020. 1. 26 검색).

# 04

편지도 형식이 있어요

■ 활동

**다음 이메일을 읽고 어떤 기분이 드는지 이야기해 봅시다.**

| | |
|---|---|
| 주문번호 | 20202303456 |
| 상품유형 | 부츠컷기모올블랙진 |
| 문의유형 | 배송 |
| 제목 | 도대체 이거 뭐죠? |
| 내용 | 어이가 없어서 |
| | 여기가 도서산간도 아니고 섬도 아닌데 |
| | 3일이 지나도 아직 상품 준비 중인 것은 뭐죠? |
| | 날 다 따뜻해진 다음에 보내주실 생각인 건가요? |
| | 총알 배송은 아니라도 상식적으로 지금쯤이면 문 앞에 택배가 |
| | 와있어야 하는 것 아닌가요? |

편지와 엽서를 통해 전하던 내용들을 이제는 이메일이 대신하고 있습니다. 개
인적인 내용부터 업무와 관련된 공적인 일까지 광범위하게 이메일을 사용합니다.

많은 사람들은 이메일을 확인하는 일로 하루를 시작하기도 합니다. 그만큼 이메일의 사용은 우리의 일상이 되었습니다. 대학에서도 학생과 교수 간의 소통 방식으로 이메일을 사용하는 경우가 많습니다. 진로 상담에서부터 안부 편지, 과제 제출 등도 이메일을 통해 이루어집니다.

이메일을 사용할 때에는 기억하고 유의해야 할 점이 있습니다. 먼저 다양한 상황에서 원활한 의사소통이 이루어지기 위해서는 예의와 형식을 갖추는 것이 필요합니다. 자신이 하고 싶은 말만 전달하기에 급급한 나머지, 꼭 알려야 할 이름이나 소속도 밝히지 않아 수신자가 당황하는 사례도 발생합니다. 또한 이메일도 편지와 같은 형식의 글임을 기억하고 호칭, 인사, 자기소개 등을 빼 놓지 말고, 맺음말에도 '○○○ 드림'이나 '○○○ 올림'과 같은 표현을 쓰는 것이 좋습니다.

이것만은 기억하세요!

제목에 용건을 짐작할 수 있는 표현을 넣습니다.

간단한 인사와 함께 자기소개를 합니다.

핵심 내용을 두괄식으로 간결하고 명료하게 씁니다.

메일 주소, 이름, 오·탈자를 꼼꼼히 검토한 후에 전송합니다.

# ■ 예시

제목  ○○학과 MT 일정과 관련하여 말씀 드립니다.


글쓰기 교수님께


안녕하세요. 저는 ○○학과 대표 홍길동입니다.

저희 ○○학과에서는 5월 1일(금)~3일(일)까지 설악산으로 MT를 가게 되었습니다. 그래서 이번 주 5월 1일 금요일 7, 8교시 글쓰기 수업에 1학년 ○○학과 학생들이 출석하지 못할 것 같습니다. 보강 일정을 잡아주신다면, 꼭 출석하도록 학우들에게 안내하겠습니다.

그럼, 다음 주 글쓰기 시간에 뵙겠습니다.

안녕히 계세요.

○○학과 홍길동 올림


추신: 다음 주 글쓰기 시간까지 준비해야 할 과제가 있으면 알려 주세요. 학우들에게 과제 내용을 전달하겠습니다.

## ■■ 활동

**지도 교수님께 상담 일정 조정과 관련한 내용으로 이메일을 작성해 봅시다.**

# 05

# 스마트 시대의 필수 능력! SNS 글쓰기

SNS(social network service)는 세계적으로 가장 영향력 있는 글쓰기의 형식이 되었습니다. 스마트 기기의 사용이 보편화되면서 SNS의 사용이 급증하고 있으며, 페이스북, 트위터, 인스타그램 등과 같은 SNS의 종류도 다양합니다.

SNS는 정보의 파급력 때문에 개인의 삶을 넘어 사회적인 이슈를 만들어 내고 변혁을 이끌어 내기도 합니다. 이러한 SNS는 우리에게 긍정적인 영향뿐만 아니라 부정적인 영향을 미치기도 합니다. 정보가 공유되는 속도가 빠른 만큼 정보의 검증이 어려워 정보에 대한 신뢰도가 낮습니다. 그리고 SNS에 공개된 정보가 범죄에 악용되기도 하고 악의적인 비방이나 욕설로 댓글을 달아 상대방에게 마음의 상처를 주기도 합니다.

개인적인 내용을 담는다고 할지라도 다양한 사람들이 읽을 수 있다는 전제 아래 기본적인 형식과 예의가 필요합니다. 거짓 정보를 올려 다른 사람을 현혹하거나 악용할 여지를 만들어서는 안 됩니다. 또한 자신이 공유한 정보도 왜곡될 수 있으므로 신중하게 공유합니다. SNS를 통해 다른 사람과 의사소통을 하고 정보를 공유하고자 한다면 솔직하고 진실된 글쓰기를 추구해야 합니다. 논리적이지 않은 표현이나 어법에 맞지 않는 표현은 피하도록 합니다. 특정한 독자를 염두에 둔 글이라면 글의 목적을 분명하게 밝히는 것도 좋습니다. 가장 주의해야 할 점은 다른 사람의 글에 대한 악의적인 글을 쓰지 않는 것입니다. 자신의 잘못된 글쓰기 방식이 상대방에게 피해를 입히고 결국에는 자신에게도 독이 될 수 있기 때문입니다. SNS가 좋은 정보를 나누고 선한 역할을 하는 공간이 되도록 한 사람 한 사람의 노력이 필요합니다.

## ▰ 활동

**학교를 홍보할 수 있는 해시태그(#)를 생각해 봅시다.**

예 #108계단 #은행나무 #피닉스광장 #인간사랑

# 서사

서사(敍事)는 어떤 시간과 또 다른 시간 사이에 벌어진 사건을 중점적으로 다루는 서술 방법입니다. 상황의 변화 과정을 잘 아는 사람이 그렇지 못한 사람에게 설명하는 경우가 많지요. 서사는 기본적으로 시간적 질서를 바탕으로 하며 상황 사이에 놓인 원인과 결과를 다룹니다. 그러니 사건들이 어떤 의미를 갖는지 명확히 이해할 수 있도록 설명하는 것이 중요하겠지요. 서사의 다른 이름은 '이야기'입니다. 우리가 알고 있는 소설이나 영화도 모두 서사 영역에 속한답니다.

## 서사를 만들어 볼까요?

● 주어진 단어들을 사용하여 하나의 이야기를 만들어 보세요.

● 단어를 전부 사용하지 않아도 됩니다.

> 여름, 해변, 맥주, 의자, 유리창, 나무, 바람, 데이트, 단발, 모자, 비, 자동차, 장미, 태양

STEP **4**

# 다 쓴 글,
# 다시 살펴볼까요?

# 원석을 보석으로 만들어 보아요 고쳐 쓰기

## 1. 고쳐 쓰기

초고를 완성했다고 해서 글쓰기가 끝난 것은 아닙니다. 글쓰기의 마지막 단계에서는 자신의 의도대로 글이 잘 이루어졌는지 검토해 봐야 합니다. 글을 잘 쓴다고 하는 작가들도 한 번에 글을 완성하는 일은 거의 없습니다. 노벨문학상 수상자인 어니스트 헤밍웨이도 작품의 완성도를 위해 『무기여 잘 있거라』의 결말을 39번 고쳐 썼다는 이야기가 있습니다. 그만큼 고쳐 쓰기는 글쓰기 과정에서 꼭 필요한 단계입니다.

초고를 완성한 후에는 어느 정도 시간이 지난 뒤에 고쳐 쓰기를 하는 것이 좋습니다. 자신의 글을 객관적인 눈으로 바라보아야 제대로 된 퇴고가 이루어질 수 있습니다. 고쳐 쓰기를 할 때에는 먼저 글 전체의 흐름이 잘 짜여 있는지 살피는 것이 중요합니다. 그런 다음 문단, 문장, 어휘 순으로 좁혀 나가면서 글을 다듬습니다.

글을 다듬을 때에는 부가 · 삭제 · 재구성의 3가지 원칙을 고려해야 합니다. 주제가 분명하게 제시되었는지 살펴 부족한 부분이 있다면 주제가 잘 드러나도록 보충합니다. 또한 중복되거나 불필요한 내용이 있다면 이는 과감하게 빼는 것이 좋습니다. 마지막으로 구성에 있어 주제의 흐름에 맞게 잘 배치되어 있지 않다면 논리적으로 재배열을 해야 합니다.

자신의 글을 소리 내어 읽어 보는 것도 고쳐 쓰기에 도움이 됩니다. 소리 내어 읽다 보면 자연스럽지 못한 부분은 어색하게 읽히게 됩니다. 이는 표시해 두었다가 다 읽은 후에 수정합니다. 자신의 글을 진단하기 위해 다음과 같은 체크리스트를 활용하면 좋습니다.

## 고쳐 쓰기 체크리스트

| 체크 사항 | 확인(✓) |
|---|---|
| 1. 주제가 잘 드러나 있나요? | |
| 2. 일관된 논지를 유지하고 있나요? | |
| 3. 적절한 제목을 사용하였나요? | |
| 4. 단락 간의 연결이 자연스러운가요? | |
| 5. 각 문단은 논리적으로 전개되고 있나요? | |
| 6. 타탕한 근거를 제시하였나요? | |
| 7. 문장을 구성하는 요소들 간의 호응은 적절한가요? | |
| 8. 각 문장들 간의 연결은 자연스러운가요? | |
| 9. 정확하고 명료한 단어를 선택하였나요? | |
| 10. 불필요한 단어를 사용하지 않았나요? | |

# ▪ 활동

다음은 '아르바이트'를 주제로 학생이 쓴 초고입니다. 이 글의 문제점을 찾아 수정해 봅시다.

---

## 아르바이트생에게 희망을!

ㅇㅇㅇ

〈목차〉

Ⅰ. 서론
Ⅱ. 본론
  1. 아르바이트의 어려움
  2. 아르바이트가 힘든 원인
  3. 아르바이트생의 처우개선 방향
Ⅲ. 결론

우리나라 대학생들의 아르바이트 종사율이 약 30%라고 한다.[1] 대학생들은 다양한 이유로 아르바이트를 하게 된다. 집안 형편이 어려운 학생은 학비를 마련하기 위해 아르바이트를 하고, 어떤 학생들은 사회 경험을 일찍 쌓기 위해 아르바이트를 한다. 대학생들이 아르바이트를 고르는 기준을 살펴보면, 학업 시간에 지장을 받지 않아야 하며, 이동 시간이 길지 않고, 학생 신분에서 벗어나지 않는 일이어야 한다. 그런데 아르바이트를 하는 학생들이 많은 어려움을 겪고 있다.

먼저 주인과의 관계에서 겪는 어려움이 있다. 주인의 지나친 간섭으로 스트레스를 많이 받는다. 그리고 실제 해야 할 업무 외에 주인이 요구하는 개인적인 잡무까지 처리해 주어야 하는 경우도 있다. 두 번째는 손님들과의 관계에서 겪는 어려움이다. 손

---

1) "아르바이트", 『한겨레』, 2009. 10. 27.

님들 중에서 아르바이트생이라고 반말을 하거나, 무례한 행동을 하는 경우가 많다. 술 취한 손님이 주사를 부리거나 가능하지 않은 일을 해달라고 요구하기도 한다. 술 취한 손님들은 정말 없었으면 좋겠다. 세 번째는 시간수당이 노동력에 비해 적다는 것이다. 어떤 주인들은 수당을 적게 주려고 수단과 방법을 가리지 않기도 하고, 월급을 제때 주지 않기도 한다. 내가 아르바이트를 할 때 우리 사장님은 월급날 월급도 주지 않고 가게 문을 아예 닫아 버렸다. 그래서 끝가지 월급을 받지 못했다. 이런 사장은 경찰서에 신고해야 한다.

아르바이트를 하면서 어려움을 겪는 원인은 다음과 같다. 첫째, 아르바이트생에 대한 편견 때문이다. 아르바이트는 가난한 학생들만 하는 거라는 생각하거나 학생이 돈만 쫓는다고 오해를 하기 때문이다. 두 번째는 아르바이트생에게도 원인이 있다. 한 곳에서 지속적으로 일하지 않고 주어진 일에 숙련이 되어있지 않기 때문이다. 그래서 주인들이나 손님들이 아르바이트생을 함부로 대하게 된다. 이런 사람들은 문제가 있는 사람들이다. 문제가 있는 곳에서 아르바이트를 하면 안 된다. 아직 한국사회에서 아르바이트를 하기에는 너무 어렵다. 아르바이트생이 좋은 환경에서 아르바이트를 할 수 있도록 처우 개선이 필요하다. 가정형편 때문에 아르바이트를 하는 학생들은 얼마나 불쌍한가? 이들에게 함부로 대하면 안 된다. 정말 아르바이트생을 도와주어야 한다.

아르바이트를 하는 대학생들은 점점 늘어나고 있다. 그런데 한국은 점점 외국인 노동자들 때문에 아르바이트를 할 일자리가 없어지고 있다. 외국인 노동자들을 줄이고 대학생들이 아르바이트를 할 수 있도록 해야 한다. 대학생들은 취업하기도 힘들기 때문에 아르바이트라도 해야 한다. 아르바이트를 할 수 있는 환경과 조건이 좋아지기를 바란다.

## 위 글을 평가하고 별점을 매겨봅시다.

- 논리성 : 주장에 대한 근거가 잘 마련되어 있는가?    ☆ ☆ ☆ ☆ ☆
- 명확성 : 주제가 분명하게 드러나 있는가?    ☆ ☆ ☆ ☆ ☆
- 일관성 : 내용이 일관되게 전개되어 있는가?    ☆ ☆ ☆ ☆ ☆
- 정확성 : 낱말들의 선택은 잘 되어 있는가?    ☆ ☆ ☆ ☆ ☆
- 창의성 : 새롭게 논의할 가치가 있는가?    ☆ ☆ ☆ ☆ ☆

## 2. 단어와 문장

### 1) 단어

글을 쓰는 목적은 자신의 생각을 잘 전달하기 위해서입니다. 그런데 글에 부적절한 단어, 맞춤법에 맞지 않는 단어가 있다면 목적에 맞는 의사소통이 어려워지고 독자에게 신뢰감을 줄 수 없습니다.

글을 쓸 때는 표준어를 사용하고 한글 맞춤법에 맞게 써야 합니다. 하지만 어문 규정을 모두 익히고 글을 쓰기는 어렵습니다. 글을 쓰다가 의문이 생기는 단어가 있으면 사전이나 우리말 관련 사이트의 도움을 받을 수 있습니다. 또한 온라인 맞춤법 검사기 등을 통해 자신의 글을 점검해 보는 것도 좋습니다.

이것만은 기억하세요!

단어의 의미를 정확히 알고 사용합니다.

예 갈음/가름, 걷힌다/거친다, 겉잡아서/걷잡아서, 달인다/다린다, 있다가/이따가

표준어로 인정된 표현을 사용합니다.

예 일찌기(×)/일찍이, 몇 일(×)/며칠, 거칠은(×)/거친

사이시옷에 유의합니다.

① 고유어+고유어, 고유어+한자어의 합성어로, 뒷말의 첫소리가 된소리로 나는

경우 : 머릿돌, 만둣국, 등굣길/귓병, 아랫방, 찻잔

② 고유어+고유어, 고유어+한자어의 합성어로 뒷말의 첫소리 'ㄴ, ㅁ'앞에서

'ㄴ'소리가 덧나는 경우: 빗물, 잇몸, 아랫니/제삿날, 훗날, 툇마루

③ 고유어+고유어, 고유어+한자어의 합성어로 뒷말의 첫소리 모음 앞에서 'ㄴ

ㄴ'소리가 덧나는 경우: 나뭇잎, 뒷일/가욋일, 예삿일, 훗일

④ 한자어+한자어 합성어의 경우 다음 2음절 한자어 6가지에만 붙인다. :

곳간(庫間), 셋방(貰房), 숫자(數字), 찻간(車間), 툇간 (退間), 횟수(回數)


띄어쓰기 규칙을 잘 지킵니다.

① 조사는 그 앞말에 붙여 씁니다.

예 꽃이, 꽃마저, 꽃에서부터, 꽃으로만, 꽃입니다, 멀리는, 거기도, 웃고만 등

② 의존 명사는 독립된 단어이므로 띄어 씁니다.

예 사는 데가 어디야?

떠난 지가 오래다.

힘든 만큼 보람이 있다.

대로, 수, 리, 만, 듯, 바 등

* 같은 형태의 단어가 조사로 쓰이기도 하므로 주의한다.

법대로 해라. / 너만큼 나도 힘들어./ 할 일이 많은데 시간이 없다./얼마

나 착한지 모른다.

③ 접사는 앞말 또는 뒷말과 붙여 씁니다

예 신소설, 늦더위, 대도시, 애호박/하나씩, 우리끼리, 마음껏/ 깔보다, 조

용하다, 기름지다, 결박당하다 등

해돋이, 나들이, 다달이, 소금구이/ 틈틈이, 낱낱이/헛기침하다, 앙갚음하다 등

④ 보조 용언은 원칙적으로 띄어 쓰나 붙여 씀도 허용합니다.

예 불이 꺼져 간다./불이 꺼져간다.

내 힘으로 막아 낸다./ 내 힘으로 막아낸다.

⑤ 단위를 나타내는 명사는 띄어 쓰고, 단위를 나타내는 의존 명사는 그 앞의 수관형사와 띄어 씁니다.

예 한 개, 차 한 대, 금 서 돈, 소 한 마리, 옷 한 벌 등

## 2) 문장

글을 잘 쓰려면 바르고 자연스러운 문장을 써야 합니다. 글은 문장을 기본 단위로 하고 있습니다. 문장력이 좋은 사람이 남들보다 글을 잘 쓰는 사람입니다. 문장력을 향상시키기 위해서는 문법에 맞는 문장을 구사하고 자연스러운 문장을 쓰도록 노력해야 합니다. 문법에 맞지 않는 문장은 글쓴이의 의도를 명확하게 전달할 수 없습니다. 자연스러운 문장을 위해서는 군더더기 표현을 쓰지 않도록 하고, 명사형의 지나친 나열, 지나치게 긴 문장 등은 피하는 것이 좋습니다. 이러한 요건들을 기억하고 주의해서 문장을 쓴다면 좋은 문장을 작성할 수 있습니다.

이것만은 기억하세요!

주어와 서술어, 목적어와 서술어의 호응에 주의하세요.

예 나는 너무 욕심을 부리지 않았나 하는 생각이 지금에 와서 아쉽다.

➡ 나는 지금에 와서 너무 욕심을 부리지 않았나 하는 (아쉬운 생각이 든다.)

예 이 보일러는 환경오염 절감과 에너지 효율을 높이기 위해서 개발되었다.

➡ 이 보일러는 (환경오염을 줄이고,) 에너지 효율을 높이기 위해서 개발되었다.

문장성분을 과도하게 생략하지 마세요.

예 환경을 보호하기 위해 노력해야 한다.

➡ (우리는) 환경을 보호하기 위해 노력해야 한다.

예 학생들은 새로운 게임에 환호하지만, 흥미가 떨어지면 가차 없이 버리기도

한다.

➡ 학생들은 새로운 게임에 환호하지만, 흥미가 떨어지면 가차 없이 (게임

을) 버리기도 한다.

중복표현을 피하세요.

예 역전앞(역전), 뇌리 속에(머릿속에), 작품을 출품하다(작품을 내다), 초가

집(초가)

수식어와 피수식어의 위치에 유의하세요.

예 그는 단호하게 대한민국의 주권은 국민에게 있다고 대답했다.

➡ 그는 대한민국의 주권은 국민에게 있다고 (단호하게) 대답했다.

대등한 나열을 하세요.

예 오늘은 육류, 어패류, 견과류, 시금치, 호박 등 다양한 메뉴를 준비하였다.

➡ 오늘은 육류, 어패류, 견과류, (채소류) 등 다양한 메뉴를 준비하였다.


과잉존대법을 사용하지 마세요.

예 양해 말씀드립니다.(양해를 구합니다.), 주문 도와드릴게요.(주문하시겠어요?),

가능하신 부분이세요.(가능합니다.) 찾으시는 것 있으세요?(무엇을 찾으세요?),

자리에 앉으실게요.(자리에 앉으십시오.)


과도한 피동 표현을 하지 마세요.

예 저 위에 놓여져 있는 유리잔을 꺼내 주세요.

➡ 저 위에 (놓여) 있는 유리잔을 꺼내 주세요.

예 그 일은 잘 되어지리라 생각되어진다.

➡ 그 일은 잘 (될 것이라 생각한다.)


외국어 번역체에 가까운 표현은 피하세요.

예 나는 지금 운동을 하고 있는 중이다.

➡ 나는 지금 운동을 하고 (있다.)

고쳐 쓰기 원석을 보석으로 만들어 보아요

# ▪ 활동

## 다음 문장에서 맞는 표현에 ○해 보세요.

- 어제 친구가 자동차에 (부딪쳐서/부딪혀서) 크게 다쳤다.

- 과대표 해임은 표결에 (부쳐야/붙여야) 할 안건이다.

- 천안을 (걷혀서/거쳐서) 서울에 갔다.

- 강한 바람으로 문이 갑자기 (닫쳤다/ 닫혔다).

- 돈이 없어서 배를 (주리고/줄이고) 있다.

- (아니에요/아니예요). 괜찮습니다.

- 질문에 예, (아니오/ 아니요)로 답하세요.

- 붉게 충혈된 눈에 (눈곱/눈꼽)이 가득했다.

- 내 가방이 너의 가방과 (바꼈어/바뀌었어).

- 우리 오빠는 정말 (멋장이/멋쟁이)인 것 같아.

**다음 문장을 바르게 고쳐 보세요.**

● 제 어릴 적 꿈은 세계적인 피아니스트가 되고 싶었다.

● 스트레스와 흡연을 자주 하는 사람은 건강관리에 특별히 신경을 써야 한다.

● 작년에는 영업이익을 크게 올렸지만 올해에는 불경기로 인해 감소하였다.

● 어제 지나치게 과음을 해서 아직도 속이 울렁거린다.

● 저는 이 사업에 대해 구체적이고 실현가능한 사장님의 계획을 듣고 싶습니다.

● 세계적인 관광지로 프랑스 파리, 이탈리아 로마, 그리스를 들 수 있다.

- 결제를 도와드리겠습니다.

- 환경오염 취약지역과 관련시설에 대한 특별감시가 실시되어져야 한다.

- 나는 제주도 성산일출봉에 갔었던 적이 있다.

- 좋은 사람 있으면 소개시켜 주세요.

| 한국어 어문 규정 | 온라인 가나다 |
| --- | --- |

**맞춤법 검사기를 활용하여 맞춤법 검사를 해 봅시다.**

- 부산대학교 https://speller.cs.pusan.ac.kr/

- 사람인 http://www.saramin.co.kr/zf_user/tools/character-counter

- 인크루트 https://www.incruit.com/tools/spell

## 표절 검사　지켜보고 있다, 방심은 금물!

　Step 2의 '지킬 건 지켜요 : 글쓰기 윤리'에서 자세히 확인한 것처럼 표절에 대한 경각심을 가져야 합니다. 글쓰기를 완성했다고 마음을 놓지 말고 표절 검사를 해 보세요. 작성자가 의도적으로 표절하지 않았다 해도 부정확한 인용으로 인해 불이익을 당할 수 있습니다. 과제가 표절로 드러날 경우 윤리적 낙인이 찍힐 뿐 아니라 낙제 점수를 받게 됩니다. 억울함을 호소해도 결과는 변하지 않으니 철저히 검토하는 지혜로운 선택을 하기 바랍니다.

　현재 국내 약 180여 개 대학에서 표절 검사 프로그램인 카피킬러(Copy Killer)를 사용하고 있습니다. 그리고 미국에서 개발한 턴잇인(Turnitin)도 많이 쓰는 표절 검사 프로그램 중 하나입니다. 영문 표절 검사 도구로는 Plagscan, Viper, iThenticate 등이 있어요. 이 외에도 각 대학 교내 시스템을 이용한 표절 검사기도 있으니 잘 찾아보고 이용하세요.

　표절 검사기 카피킬러는 대학교 홈페이지 메인 화면에 배너의 형태로 게시되어 있습니다. 학교 포털 아이디와 비밀번호로 이용이 가능해요. 기말 보고서를 제출하기 전에 스스로 카피킬러 프로그램을 이용하여 표절 검사를 해 보세요. 그리고 증명을 확인할 수 있도록 표절 검사 결과 확인서를 기말 과제에 첨부하여 주세요.

# ■ 활동

다음 '과제 표절 방지 서약서'를 작성하여 카피킬러 표절 검사 결과 확인서와 함께 제출하세요.

---

## 과제 표절 방지 서약서

　　1. 저(작성자: 　　이름　　 )는 대학에서 활동하는 연구자의 연구 윤리 규정을 숙지하였으며, 이에 동의하고 이를 지키기 위해 스스로 노력하겠습니다.

　　2. 저는 〈글쓰기〉 강의에 제출한 모든 글쓰기 과제의 원작성자로 제가 쓴 글에 인용한 모든 자료는 적법한 절차와 연구 윤리에 의해 인용된 것입니다.

　　3. 만일 〈글쓰기〉 강의에 제출한 저의 과제가 표절이나 대필로 이루어진 것이라면 이는 교수님을 속이고 다른 학생들의 학습권을 침해하며 부정한 행위로 학점을 취득한 것이기 때문에 성적에 관련된 징계를 받아들이겠습니다.

작성일 : 20　　년　　월　　일

작성자 : 　　　　　　（ 서명 ）

---

※ 최종 과제 제출 항목은 다음과 같습니다.

학술적 에세이 + 표절 검사 결과 확인서 + 과제 표절 방지 서약서

# 끝난 줄 알았죠?
# **부록**도 있어요

# 글쓰기의 기본 예의

맞춤법을 지켜 바르게 쓰는 것은 글쓰기의 기본 예의입니다. 그뿐 아니라 글의 신뢰도를 높이는 방법이기도 합니다. 요즘은 손으로 글을 쓰기보다 스마트폰이나 컴퓨터 등 디지털 기기를 사용하는 경우가 많아졌지요. 인터넷 환경의 글쓰기라고 해서 글쓰기의 기본이 달라지는 것은 아닙니다. 즉 맞춤법을 파괴하거나 틀린 맞춤법을 허용하는 것을 옳다고 할 수는 없습니다. 조금 어렵더라도 한글 맞춤법과 띄어쓰기, 외래어 표기법 등을 지켜 글의 품위를 갖추도록 노력해 보세요.[1]

## 한글 맞춤법의 구성

---

1) 이 부록의 맞춤법 부분과 주석 표기의 큰 틀은 최재선 · 강신주 · 이병순 · 정경민, 『창의 융합 소통 대학 글쓰기』, 태학사, 2019의 내용을 참고하으며, 예시 등 일부 내용은 재구성하였다.

# 한글 맞춤법의 원리

---

### 제1장 총칙

제1항 한글 맞춤법은 표준어를 소리대로 적되, 어법에 맞도록 함을 원칙으로 한다.
제2항 문장의 각 단어는 띄어 씀을 원칙으로 한다.
제3항 외래어는 '외래어 표기법'에 따라 적는다.

---

# 한글 맞춤법의 주요 운영 원칙

| | 된소리 표기 |
|---|---|
| | 두음법칙 |
| | 겹쳐나는 소리 |
| **한글 맞춤법의 주요 운영 원칙** | 사이시옷 |
| | 준말 |
| | 부사화접미사 −이, −히 |
| | 혼동하기 쉬운 사례 |

## 1) 된소리의 바른 표기

한 단어 안에서 뚜렷한 까닭 없이 나는 된소리는 다음 음절의 첫소리를 된소리로 적는다.

예 부쩍, 털썩, 훨씬, 잔뜩, 소쩍새

다만, 'ㄱ', 'ㅂ' 받침 뒤에서 자음은 항상 된소리로 발음되기 때문에 된소리로 표기하지 않는다.

　　예 싹둑, 깍두기, 몹시

또, 독립적인 말로 이루어진 합성어는 그 구성요소의 원형을 밝혀서 표기하므로 된소리로 표기하지 않는다.

　　예 눈곱, 눈살

## 2) 두음법칙에 따른 표기

두음법칙은 한자어 첫 소리에 'ㄴ', 'ㄹ'이 오는 것을 꺼리는 현상이다.

　　예 능름, 여자, 양심, 역사

접두사가 결합된 말이나 합성어의 경우 단어별로 두음법칙이 적용된다.

　　예 신여성, 실낙원, 한국여자대학

또, '렬, 률'은 모음이나 'ㄴ' 뒤에서 '열, 율'로 적고, 한자어 뒤에서의 '량, 란'은 고유어, 외래어 뒤에서 '양, 난'으로 표기한다.

　　예 합격률, 비율, 출산율, 노동량, 알카리양, 독자란, 어린이난

## 3) 모음조화

모음조화란 한 단어 안에서 모음이 연결될 때 양성모음(ㅏ, ㅗ) 뒤에서는 '-아', 음성모음(ㅓ, ㅣ, ㅡ, ㅜ) 뒤에서는 '-어'와 결합하는 현상이다.

　　예 막아라, 보아라, 먹어라, 씻어라, 들어라, 웃어라

※ '바라다'의 경우 '희망하다'를 뜻할 때는 모음조화 현상에 의해 '바라'가 맞는
　　표기이니 주의해야 한다.

　　예 나는 네가 잘 되길 바라. 이번 시험에 꼭 합격하기 바란다.

### 4) 불규칙 용언

'ㄹ' 불규칙 용언은 여러 조건에서 'ㄹ'이 탈락한다. 특히 '-ㄴ'이나 '-는' 앞에서 'ㄹ'이 탈락하는 경우를 주의해야 한다.

> **예** 바이올린 실력이 많이 **는** 것 같구나.
>
> 나무의 **거친** 표면에 손바닥이 긁혔다.

'ㄷ' 불규칙 용언은 어간이 'ㄷ'으로 끝나는 일부 용언이 모음 어미와 만나면 'ㄹ'로 바뀐다.

> **예** 라면이 **붇기** 전에 먹자. 라면이 **불어서** 맛이 없다.
>
> 밥이 **눋지** 않도록 조심해라. 형은 유독 밥이 **눌은** 것을 좋아했다.

### 5) 사이시옷

고유어+고유어, 고유어+한자어의 합성어로, 뒷말의 첫소리가 된소리로 나는 경우 사이시옷을 쓴다.

> **예** 장밋빛, 보랏빛, 머릿돌, 기댓값, 만둣국, 등굣길, 전셋집

고유어+고유어, 고유어+한자어의 합성어로 뒷말의 첫소리 'ㄴ, ㅁ' 앞에서 'ㄴ' 소리가 덧나는 경우 사이시옷을 쓴다.

> **예** 빗물, 잇몸, 냇물, 아랫니, 툇마루, 제삿날

고유어+고유어, 고유어+한자어의 합성어로, 뒷말의 첫소리 모음 앞에서 'ㄴㄴ' 소리가 덧나는 경우 사이시옷을 쓴다.

> **예** 나뭇잎, 옛샛일, 깻잎, 베갯잇, 뒷일, 훗일

한자어+한자어 합성어의 경우에는 다음 2음절 한자어 6가지에만 붙인다.

> 곳간(庫間), 셋방(貰房), 숫자(數字), 찻간(車間), 툇간(退間), 횟수(回數)

158

'위', '아래'의 대립 관계가 성립하면서 뒷말 첫소리가 거센소리나 된소리가 아닌 경우 '윗'이나 '아랫'으로 표기한다.

> 예 윗목, 윗수염, 윗입술, 윗자리, 윗옷(上衣)

※ 다만, 사이시옷이 들어가는 환경이라고 해도 '위쪽', '아래층'처럼 뒷말의 첫소리가 거센소리나 된소리의 경우 사이시옷을 쓰지 않는다.

> 예 위쪽, 위층, 위턱, 위팔, 아래쪽, 아래층, 아래턱

※ '위'와 '아래'의 대립 관계가 성립하지 않는 경우는 '웃'이 된다.

> 예 웃돈, 웃어른, 웃옷(겉옷)

## 6) 준말의 맞춤법

'~하지' 앞의 소리가 무성음(ㄱ, ㅂ, ㅅ)으로 끝나면 '하' 전체가 떨어져 '지'만 남는다.

> 예 익숙지, 넉넉지, 답답지, 깨끗지, 섭섭지

'~하지' 앞의 소리가 유성음(모음, ㄴ, ㄹ, ㅁ, ㅇ)이면 'ㅏ'가 떨어져 '치'가 된다.

> 예 간편치, 적절치, 만만치, 무심치, 편치

기본형 '되다, 쇠다. 뵈다'의 어간에 '-어'가 붙어 줄여 쓰는 경우 '돼, 쇄, 봬'로 표기한다.

> 예 내일까지 끝내면 **돼**. 설은 잘 **쇘어**? 주말에 **봬요**.

'왠지'는 '왜인지'의 준말이다. '웬'은 다른 말과 결합해서 쓰거나 '웬 영문', '웬 사람' 등 명사를 수식하는 관형사로 쓰인다.

> 예 왠지, 웬만하면, 웬일, 웬 날벼락

'-데'는 말하는 사람이 직접 경험한 과거 사실을 회상할 때 '~더라'의 의미로

쓴다.

'-대'는 다른 사람에게 들은 말을 전달할 때, '~다고 해'의 준말로 쓴다.

　예 생각했던 것보다 그 짐이 굉장히 무겁데

　　우리 언니가 오늘 소개팅을 한대

'금세'는 '금시에'의 준말이다.

　예 그가 온다는 소식이 금세 퍼졌다.

## 7) 부사화 접미사 '-이, -히'

'하다'가 붙는 말에는 '-히', 단 'ㅅ' 받침으로 끝나면 '-이'를 쓴다.

　예 고요히, 급히, 딱히, 쓸쓸히, 깨끗이, 따뜻이, 느긋이, 반듯이

그 외의 경우에는 '-히'를 쓴다.

　예 극히, 특히, 열심히, 익히

다만, 부사어나 첨어, 'ㅂ' 불규칙 용언 어간, 기타 용언 어간 뒤에서는 항상 '-이'를 쓴다.

　예 더욱이, 일찍이, 나날이, 틈틈이, 고이, 깊이, 헛되이, 적이

## 8) 그 외 틀리기 쉬운 표현

'몇 일'이 성립하려면 [며딜]로 소리가 나야 한다. 그런데 [며딜]로 소리 나는 경우는 없고 [며칠]로 소리가 나기 때문에 '며칠'로 표기한다.

　예 오늘이 몇 월 며칠이지?

　　그 사람 온다는 게 며칠이랬지?

'삼가하다'는 잘못된 표현이고, '삼가다'가 기본형이다.

　예 공공장소에서는 흡연을 삼가야 합니다.

수업 중에는 휴대폰 사용을 **삼가** 주세요.

'–오'는 '하오'체의 종결어미고 '–요'는 연결형으로 사용한다. '예'의 짝은 '아니요'이다.

> **예** 여기서 기다리시**오**.
>
> 네가 나의 진리**요**, 빛이**요**, 희망이다.
>
> 오늘 비가 온다고 했나? 아니**요**. 맑대요.

'–로서'는 신분, 자격, 지위 등을 나타낼 때 쓰고, '–로써'는 수단, 도구, 방법 등을 표현할 때 사용한다.

> **예** 학생**으로서** 그런 행동을 하는 것은 옳지 않아.
>
> 행동이 아닌 말**로써** 해결하려고 하지 마라.

'–든'은 선택을 의미하고 '–던'은 지난 과거를 나타낸다.

> **예** 버스**든**지 지하철이**든**지 상관 없어요.
>
> 얼마나 배가 고팠**던**지 허겁지겁 음식을 먹었다.

## 띄어쓰기

| | |
|---|---|
| **띄어쓰기의 원칙** | 조사는 그 앞말에 붙여 쓴다. |
| | 의존 명사는 독립된 단어이므로 띄어 쓴다. |
| | 접사는 앞말 또는 뒷말과 붙여 쓴다. |

### 1) 의존 명사의 띄어쓰기

의존 명사는 독립된 단어이므로 띄어 쓰는 것이 원칙이다.

**예** 나도 할∨수 있다.      아는∨것이 힘이다.

먹을∨만큼만 덜어라.      뜻한∨바를 알겠다.

볼∨것이 많다.      볼∨게 많다.

이따 집에 갈∨것이다.      집에 갈∨거다.

그가 떠난∨지 3년이나 되었다.

### 2) 동일한 형태가 다르게 쓰이는 경우

'뿐': 체언 뒤에 붙어서 한정의 뜻을 나타낼 때는 조사이고, 용언의 관형사형 '-을' 뒤에서 '그럴 따름'이란 뜻을 나타내는 경우는 의존 명사이다.

**예** 우리 학과에는 오직 남학생뿐이다.

나에게는 너뿐이야.

시간이 지나도 네가 돌아오길 바랄∨뿐이다.

너는 예쁠∨뿐 아니라 똑똑하기까지 하다.

'대로': 체언 뒤에 붙어서 '그와 같이'란 뜻을 나타낼 때는 조사이고, 용언의 관형사형 뒤에서 '그와 같이'란 뜻을 나타내는 경우는 의존 명사이다.

**예** 법대로 하세요.

약속대로 벌을 받겠습니다.

네가 본∨대로, 들은∨대로, 느낀∨대로 말을 해 주렴.

'만큼': 체언 뒤에 붙어서 '그런 정도로'라는 뜻을 나타내는 경우는 조사이고, 용언의 관형사형 뒤에서 '그런 정도로' 또는 '실컷'이란 뜻을 나타내는 경우는 의존 명사이다.

**예** 아직 아이인데 어른만큼 힘이 세다.

자전거로도 오토바이만큼 빨리 갈 수 있다.

이제 할∨만큼 했다. 노력한∨만큼 좋은 결과가 있을 거다.

162

'만': 체언에 붙어서 한정 또는 비교의 뜻을 나타내는 경우는 조사이고, 경과한 시간을 나타내는 경우는 의존 명사다.

예 너는 하나만 알고 둘은 모르는구나.

새집에 가구만 있고 가전 제품은 없다.

그가 타국에서 5년∨만에 돌아왔다.

사흘∨만에 주어진 일을 모두 끝냈다.

※ '오래간만'은 '어떤 일이 있은 때로부터 긴 시간이 지난 뒤'의 뜻을 나타내는 명사로 한 단어이므로 붙여 쓴다.

예 오래간만에 책을 읽었다.

'지': '-지'가 어미의 일부일 때는 붙여 쓰고, 용언의 관형사형 뒤에서 지나간 시간을 나타내는 경우는 의존 명사이므로 띄어 쓴다.

예 오늘 그 애가 올지 안 올지 모르겠다.

딸이 독립해 집을 떠난∨지 보름이 지났다.

'데': '일'이나 '것', '곳'이나 '장소', '경우'를 나타낼 때는 의존 명사이고, 뒤 절에서 어떤 일을 설명하거나 묻거나 시키거나 제안하기 위하여 그 대상과 상관되는 상황을 미리 말할 때 쓰는 경우는 연결 어미다.

예 과제를 끝내는∨데 여덟 시간이 걸렸다.

MT 장소로 적당한∨데를 찾고 있습니다.

햇볕이 뜨거운데 모자를 쓰는 것이 좋겠다.

여기가 아버지 고향인데 사람들 인심이 좋다.

'밖에': 체언 뒤에 붙어 '그것 말고는', '그것 이외에는'의 뜻을 나타낼 때는 조사이고, '일정한 한도나 범위에 들지 않는 나머지 다른 부분이나 일' 또는 '무엇에 의하여 둘러싸이지 않은 공간, 또는 그쪽'을 뜻할 때는 명사이다.

예 우리 부장님은 일밖에 모르셔.

나에게는 너밖에 없다.

예상∨밖의 결과였다.

창∨밖을 보니 눈이 내리고 있었다.


'같이': '둘 이상의 사람이나 사물이 함께', '어떤 상황이나 행동 따위와 다름이 없이'라는 뜻일 때는 부사이므로 띄어 쓴다. '앞말이 보이는 전형적인 특징처럼'의 뜻이라면 조사이므로 붙여 쓴다.

**예** 우리는∨**같이** 보낸 시간이 길다.

예보한 바와∨**같이** 태풍이 왔다.

너는 보석**같이** 빛나는 사람이야.

그는 얼음**같이** 차가운 성격이다.


'간(間)': '한 대상에서 다른 대상까지의 사이'라는 뜻일 때는 의존 명사이므로 띄어 쓴다. 기간을 나타내는 일부 명사 뒤에 붙어 '동안'을 뜻할 때는 접미사라서 붙여 쓴다.

**예** 서울 부산∨**간** 거리는 400여 킬로미터다.

친구∨**간**에 돈거래는 피하는 게 좋다.

저는 2년**간** 4개의 자격증을 취득했습니다.

이틀**간** 금주를 해야 합니다.


'중': '여럿의 가운데', '무엇을 하는 동안', '어떤 상태에 있는 동안', '어떤 시간의 한계를 넘지 않는 동안'의 뜻일 때는 의존 명사이므로 띄어 쓴다. 다만 '은연중', '무의식중'의 경우 한 단어이므로 붙여 쓴다.

**예** 회의 **중**입니다.

공사 **중**이니 돌아가세요.

서류는 오전 **중**에 제출해 주세요.


※ '상': '물건의 위나 위쪽'을 이르거나 '그것과 관계된 입장' 또는 '그것에 따름'과 같은 추상적인 뜻을 지닐 때, '구체적인 또는 추상적인 공간에서의 한 위치'를 뜻할 때는 모두 접미사이므로 붙여 쓴다.

**예** 사실상 운항 취소가 결정되었다.

인터넷상의 예의도 중요하다.

미관상 도색을 다시 하는 것이 낫겠다.

'하': '그것과 관련된 조건이나 환경'을 뜻하거나 '(일부 명사 뒤에서)아래 또는 아래쪽이나 밑'을 뜻할 경우 모두 접사이므로 붙여 쓴다.

**예** 식민지하 현실은 암울했다.

선생님의 지도하에 나날이 성장하고 있습니다.

## 3) 보조 용언의 띄어쓰기

보조 용언은 원칙적으로 띄어 쓴다. 붙여 씀을 허용하는 경우는 다음과 같다.

연결 어미 : '−아, −어' 뒤에 보조 용언이 결합한 경우 붙여 씀을 허용한다.(단, '지다', '하다'가 오는 경우 반드시 붙여 쓴다.

**예** 깨뜨려버렸다. 깨뜨려∨버렸다.　　　알려주다. 알려∨주다.

옮겨놓다. 옮겨∨놓다.　　　만들어지다. 행복해하다.

의존 명사 : '듯, 만, 법, 척' 뒤에 '하다'나 '싶다'는 붙여 쓸 수 있다.

**예** 할∨만하다. 할만하다.　　　비가 올∨듯하다. 비가 올듯하다.

본용언과 보조 용언이 합성어를 이룰 경우에는 반드시 붙여 쓴다.

**예** 도와주다. 물어보다. 돌려놓다.

## 4) 단위 명사의 띄어쓰기

단위를 나타내는 명사는 띄어 쓰고, 단위를 나타내는 의존 명사는 그 앞의 관형사와 띄어 쓴다.

**예** 나무∨한∨그루, 풀∨한∨포기도 소중하다.

열∨길∨물∨속은 알아도 한∨길 사람∨속은 모른다.

※ '1회' 횟수를 의미할 때는 한∨번으로 띄어 쓰고, '시도'의 의미일 때는 붙여 쓴다.

　예 나는 홍어를 **한 번** 먹어 보았다.

　　 이 옷으로 **한번** 입어 보렴.

### 5) 수의 띄어쓰기

수를 적을 적에는 '만(萬)' 단위로 띄어 쓴다.

　예 십칠억∨팔천구백삼십이만∨구천이백오십일

※ 금액을 적을 때는 변조(變造) 등의 사고를 방지하려는 뜻에서 붙여 쓰는 게 관례로 되어 있다.

　예 일금 십칠억팔천구백삼십이만구천이백오십일

### 6) 고유명사의 띄어쓰기

성과 이름, 성과 호 등은 붙여 쓰고 이에 덧붙는 호칭어, 관직명 등은 띄어 쓴다.

　예 윤동주, 이순신∨장군, 신채호∨선생, 우장춘∨박사

### 7) 그 외의 띄어쓰기

한 단어로 굳어진 경우에는 붙여 쓴다.

　예 그때, 그곳, 이쪽, 거침없이, 못지않게, 쏜살같이

## 자주 혼동하는 표현들

**가늘다**    길이에 비해 너비가 좁거나 둘레의 굵기가 작다.

**굵다**    몸통의 둘레나 너비가 크고 넓다.


**두껍다**    두께가 보통의 정보보다 크다.

**얇다**    두께가 보통의 것에 비해 작다.


**덕분**    일이 좋은 결과를 얻게 된 원인이나 조건에 사용

**탓**    잘못된 일이나 부정적 현상을 야기한 원인이나 까닭에 사용


**우리나라**    '저희'는 말하는 이보다 듣는 이가 나이가 많거나 신분이 높아 우월한 위치에 있는 경우에 사용된다. 그런데 단체와 단체, 나라와 나라 사이에는 비록 힘의 차이는 있다 하더라도 평등한 위치에 있는 존재들로 생각되므로 높임과 낮춤의 대상이 될 수 없다. 따라서 '저희 나라'가 아니라 '우리나라'라고 쓴다.

※ 우리나라, 우리말, 우리글은 붙여 쓴다. 우리 집, 우리 학교는 띄어 쓴다. '우리'가 다른 단어와 결합해 하나의 명사로 고유한 기능을 하지 않는다면 띄어 쓰는 것이 맞기 때문이다.


**가르치다**    깨닫거나 익히게 하다

**가리키다**    특별히 짚어 보이거나 알리다.


**좇다**    그대로 따라가다. 가치 있게 여겨 추구하다.

**쫓다**    떠나도록 몰아내다.


**껍질**    딱딱하지 않은 물체의 겉을 싸고 있는 물질의 막

**껍데기**    달걀이나 조개 같은 것의 겉을 싸고 있는 단단한 물질

| 한창 | 어떤 일이 가장 활기 있고 왕성하게 일어나는 때 또는 어떤 상태가 가장 무르익은 때 |
|---|---|
| 한참 | 시간이 상당히 지나는 동안 |

| 이슥하다 | (밤이) 꽤 깊다. |
|---|---|
| 으슥하다 | (장소가) 깊숙하고 외지다. (주변 환경이나 분위기가) 무시무시하도록 조용하고 어둡다. |

| 두껍다 | 층을 이루는 사물의 높이나 집단의 규모가 보통의 정도보다 크다. |
|---|---|
| 두텁다 | 신의, 믿음, 관계, 인정 따위가 굳고 깊다. |

| 결제 | '증권 또는 대금을 주고받아 매매 당사자 사이의 거래 관계를 끝맺는 일'을 이르는 경제 용어 |
|---|---|
| 결재 | 결정할 권한이 있는 상관이 부하가 제출한 안건을 검토하여 허가하거나 승인함 |

| -에요, -예요 | '이다', '아니다'의 어간 뒤에 붙어 쓰이는 어미로 '책이에요. 아니에요'와 같이 쓰인다. 다만 받침이 없는 체언 '어디', '거' 등 뒤에는 서술격 조가 어간 '이'가 붙고 그 뒤에 어미 '-에요'가 붙은 '-이에요'의 준말 '예요'가 쓰이므로, '어디예요 / 보내지 않을 거예요'와 같이 쓰게 된다. |
|---|---|

| 자기 개발 | 자기에 대한 새로운 그 무엇을 만들어냄 또는 자신의 지식이나 재능 따위를 발달하게 함 |
|---|---|
| 자기 계발 | 잠재되어 있는 자신의 슬기나 재능, 사상 따위를 일깨움 |
| | 예 외국어 능력 계발을 꾸준히 하려고 한다. |

168

**어떻게**  '어떻다'의 부사형   **예** 요즘 어떻게 지내세요?

**어떡해**  '어떻게 해'가 줄어든 말   **예** 오늘도 비가 오면 어떡해?


**부딪히다** '부딪다'의 피동사

**부딪치다** '부딪다'를 강조하여 이르는 능동사


**돼와 되** 문장을 종결할 때는 용언의 어간인 '되-'는 쓸 수 없다. 동사 '되다'는 '되어, 되고, 되어서'와 같이 어미 활용을 한다. 문장 종결할 때는 '되어' 또는 '되어'가 줄어든 '돼'의 형태로 쓴다.

**예** 저기로 짐을 옮겨 주면 되어. 난 내년에 스무 살이 돼.


## 복수 표준어

| 기존 표준어 | 추가 표준어 | 의미 |
|---|---|---|
| ~기에 | ~길래 | '~기에'를 구어적으로 이르는 말. |
| 간질이다 | 간지럽히다 | 살갗을 문지르거나 건드려 간지럽게 하다. |
| 괴발개발 | 개발새발 | 개의 발과 새의 발이라는 뜻으로, 글씨를 되는 대로 아무렇게나 써 놓은 모양을 이르는 말. |
| 거치적거리다 | 걸리적거리다 | 거추장스럽게 자꾸 여기저기 걸리거나 닿다. |
| 끼적거리다 | 끄적거리다 | 글씨나 그림 따위를 아무렇게나 자꾸 막 쓰거나 그리다. |
| 남우세스럽다 | 남사스럽다 | 남에게 놀림과 비웃음을 받을 듯하다. |
| 눈초리 | 눈꼬리 | 귀 쪽으로 가늘게 좁혀진 눈의 가장자리. |
| 두루뭉술하다 | 두리뭉실하다 | 특별히 모나거나 튀지 않고 둥그스름하다. |
| 떨어뜨리다 | 떨구다 | 시선을 아래로 향하다. |

| 기존 표준어 | 추가 표준어 | 의미 |
|---|---|---|
| 만날 | 맨날 | 매일같이 계속하여서. |
| 맨송맨송 | 맨숭맨숭/맹숭맹숭 | 몸에 털이 있어야 할 곳에 털이 없어 또는 털이 있어야 할 곳이 벗어져 반반한 모양 |
| 먹을거리 | 먹거리 | 사람이 살아가기 위하여 먹는 온갖 것 |
| 메우다 | 메꾸다 | 시간을 적당히 또는 그럭저럭 보내다. |
| 복사뼈 | 복숭아뼈 | 발목 부근에 안팎으로 둥글게 나온 뼈 |
| 새치름하다 | 새초롬하다 | 조금 쌀쌀맞게 시치미를 떼는 태도 |
| 손자(孫子) | 손주 | 손자와 손녀를 아울러 이르는 말 |
| 쌉싸래하다 | 쌉싸름하다 | 조금 쓴 맛이 있는 듯하다 |
| 아옹다옹 | 아웅다웅 | 대수롭지 아니한 일로 서로 자꾸 다투는 모양. |
| 오순도순 | 오손도손 | 정답게 이야기하거나 의좋게 지내는 모양 |
| 자장면 | 짜장면 | 중국요리의 하나. 고기와 채소를 넣어 볶은 중국 된장에 국수를 비벼 먹는다. |
| 찌뿌듯하다 | 찌뿌둥하다 | 몸살이나 감기 따위로 몸이 무겁고 거북하다. |
| 치근거리다 | 추근거리다 | 조금 성가실 정도로 은근히 자꾸 귀찮게 굴다. |
| 허섭스레기 | 허접쓰레기 | 좋은 것이 빠지고 난 뒤에 남은 허름한 물건 |
| 개개다 | 개기다 | (속되게) 명령이나 지시를 따르지 않고 버티거나 반항하다. |
| 굽실 | 굽신 | 고개나 허리를 가볍게 구부렸다 펴는 모양 |
| 꾀다 | 꼬시다 | '꾀다'를 속되게 이르는 말 |
| 삐치다 | 삐지다 | 성나거나 못마땅해서 마음이 토라지다. |
| 섬뜩 | 섬찟 | 갑자기 소름이 끼치도록 무섭고 끔찍한 느낌이 드는 모양 |
| 허접스럽다 | 허접하다 | 허름하고 잡스럽다. |

| 기존 표준어 | 추가 표준어 | 의미 |
| --- | --- | --- |
| ~고 싶다 | ~고프다 | '~고 싶다'가 줄어든 말 |
| 마/마라/마요 | 말아/말아라/말아요 | '말다'에 명령형 어미 '-아', '-아라', '아요' 등이 결합할 때는 어간 끝의 'ㄹ'을 탈락시키지 않아도 된다. |
| 예쁘다 | 이쁘다 | 생긴 모양이 아름다워 눈으로 보기에 좋다. |
| 까다롭다 | 까탈스럽다 | ① 조건, 규정 따위가 복잡하고 엄격하여 적응하거나 적용하기에 어려운 데가 있다. ② 성미나 취향 따위가 원만하지 않고 별스러워 맞춰 주기에 어려운 데가 있다. / '가탈스럽다'보다 센 느낌 |
| 주책없다 | 주책이다 | 표준어 규정 제25항에 따라 '주책없다'의 비표준형으로 다루어 온 '주책이다'를 표준형으로 인정한다. '주책이다'는 '일정한 줏대가 없이 되는 대로 하는 짓'을 뜻하는 '주책'에 서술격조사 '이다'가 붙은 말로 본다. |
| 찌뿌듯하다 | 찌뿌둥하다 | ① 몸살이나 감기 따위로 몸이 무겁고 거북하다. ② 표정이나 기분이 밝지 못하고 언짢다. ③ 비나 눈이 올 것같이 날씨가 궂거나 잔뜩 흐리다. |
| 꺼림칙하다 | 꺼림직하다 | 마음에 걸려서 언짢고 싫은 느낌이 꽤 있다. |
| 늑장 | 늦장 | 느릿느릿 꾸물거리는 태도 |
| 자물통 | 자물쇠 | 여닫게 되어 있는 물건을 잠그는 장치 |
| 뾰두라지 | 뾰루지 | 뾰족하게 부어오른 작은 부스럼 |
| 벌레 | 버러지 | ① 곤충을 비롯하여 기생충과 같은 하등 동물을 통틀어 이르는 말 ② 어떤 일에 열중하는 사람을 비유적으로 이르는 말 |

## 부정 표현

부정 표현으로 사용해야 하는 단어는 다음과 같다.

**예** 안절부절못하다. 칠칠맞지못하다. 밥맛없다. 재수없다.

## 잘못 쓰기 쉬운 한자어

**지향(指向)** 어떤 목표나 방향으로 쏠리는 의지
**지양(止揚)** 어떤 것을 하지 아니함

**일절(一切)** 아주, 전혀, 절대로
**일체(一切)** 모든 것

**갱신(更新)** 존속 기간이 끝났을 때 그 기간을 연장하는 일
**경신(更新)** 이미 있던 것을 고쳐 새롭게 함. 종전의 기록을 깨뜨림.

**와중(渦中)** 복잡하고 시끄러운 일이나 사건이 벌어지는 가운데
**도중(途中)** 어떤 일이 진행되고 있는 동안

**곤욕(困辱)** 심한 모욕, 참기 힘든 일
**곤혹(困惑)** 곤란한 일을 당하여 어찌할 바를 모름

**반증(反證)** 어떤 사실을 반박하기 위한 증거
**방증(傍證)** 주변의 정황을 밝힘으로써 간접적으로 증명에 도움을 주는 증거

# 외래어 표기법

| | |
|---|---|
| **외래어 표기의 원칙** | 외래어는 국어의 현용 24 자모만으로 적는다. |
| | 외래어의 1 음운은 원칙적으로 1 기호로 적는다. |
| | 받침에는 'ㄱ, ㄴ, ㄹ, ㅁ, ㅂ, ㅅ, ㅇ'만을 쓴다. |
| | 파열음 표기에는 된소리를 쓰지 않는 것을 원칙으로 한다. |
| | 이미 굳어진 외래어는 관용을 존중하되, 그 범위와 용례는 따로 정한다. |

## 문제로 확인해 봅시다.

- 나는 순정만화 (① 마니아 ② 매니아)야.

- 날이 쌀쌀하니 외출할 때 (① 가디건 ② 카디건)을 입고 나가렴

- (① 모차르트 ② 모짜르트)의 음악은 마음을 편하게 한다.

- 최근 한식 (① 뷔페 ② 부페)가 인기를 끌고 있다.

- 그는 키가 작은 게 (① 콤플렉스 ② 컴플렉스)라고 말했다.

- 이번 프로그램은 (① 리더쉽 ② 리더십) 함양을 목표로 준비했다.

- 캠핑에서 가장 기억에 남는 것은 (① 바베큐 ② 바비큐) 파티다.

- 백화점보다 (① 아울렛 ② 아웃렛)이 낫다는 사람이 많다.

- 기말시험은 (① 리포트 ② 레포트)로 대체합니다.

- 그녀는 (① 커트 ② 컷트) 머리가 잘 어울린다.

- 아버지 생일 (① 케익 ② 케이크)는 내가 살게.

- (① 초콜렛 ② 초콜릿) 너무 많이 먹지 마.

- 그가 전화를 받지 않아 문자 (① 메시지 ② 메세지)를 남겼다.

- 아이는 오렌지 (① 주스 ② 쥬스)를 가장 좋아한다.

- (① 슈퍼마켙 ② 슈퍼마켓 ③ 수퍼마켙 ④ 수퍼마켓)에 가서 우유를 사오너라.

- 새로운 (① 비즈니스 ② 비지니스)에 도전하는 것은 어려운 일이다.

- 요즘 (① 렌터카 ② 렌트카) 시장이 확대되고 있다.

- 이 옷은 반드시 (① 드라이클리닝 ② 드라이크리닝)을 해야 한다.

- 그 성우는 (① 나레이션 ② 내레이션)을 잘하는 것으로 유명하다.

- (① 가스렌지 ② 가스레인지)가 꺼졌는지 한 번 더 확인하자.

- 그 교수님은 과제를 (① 화일 ② 파일)로만 받는다고 하셨다.

- 발표과제는 고전을 활용한 문화(① 콘텐츠 ② 컨텐츠)에 대해 소개하는 것이었다.

- 그 시대에는 (① 비젼 ② 비전)을 가진 정치인들이 꽤 있었다.

- 다음에는 무제한 (① 데이타 ② 데이터) 요금제를 선택해야겠다.

- 누구나 (① 데자뷰 ② 데자뷔)를 한 번쯤 경험한 일이 있을 것이다.

- 나는 화려한 (① 악세사리 ② 액세서리)를 선호한다.

174

# 자료를 인용할 때 잊지 마세요 주석 표기

## 주석의 종류와 표기 방식

| 주석의 종류 | 위치에 따라 | 각주 | 내각주 | 본문 중에서 인용 또는 보충 설명 부분 옆에 괄호를 넣어 그 속에 표기하는 것 |
|---|---|---|---|---|
| | | | 외각주 | 본문의 어떤 부분의 뜻을 보충하거나 풀이한 글을 본문의 아래쪽에 따로 표기 |
| | | 미주(후주) | | 본문의 장 끝이나 글 마지막에 한꺼번에 표기 |
| | 내용에 따라 | 내용주 | | 내용을 보충 설명하기 위한 것 |
| | | 참조주 | | 인용 자료의 출처(서지사항) 제시 논문의 각 부분 사이의 관련성을 나타내는 데 사용 |

| 자료 | | 표기 방식 |
|---|---|---|
| 저서 | 국내서 | 저자, 『책 제목』, 출판사, 출판 연도, 쪽수.<br>예 윤동주, 『하늘과 바람과 별과 시』, 자화상, 2019, 55쪽. |
| | 국외서 | 저자(이름, 성). *책제목*, 발행지: 출판사, 출판 연도, 페이지.<br>예 Braund, Susanna Morton. *Understanding Latin Literature*, New York: Routledge, 2017, p.52. |
| 저자 | 2~3인 | 저자·저자·저자, 『책 제목』, 출판사, 출판 연도, 쪽수.<br>예 조신영·박현찬, 『경청』, 위즈덤 하우스, 2007, 36쪽. |
| | 4인 이상 | 대표 저자 외, 『책 제목』, 출판사, 출판 연도, 쪽수.<br>예 임지현 외, 『우리 안의 파시즘』, 삼인, 2016, 86쪽. |
| | 국외서 | 영문일 경우 et al. (et alli)로 표기<br>예 Alan, C. Smith et al. |
| 편서 | | 편저자 편, 『책 제목』, 출판사, 출판 연도, 쪽수.<br>예 김윤식 편, 『이상문학전집 5』, 문학사상사, 2001, 147쪽.<br>　Alan, C. Smith ed. |
| 역서 | | 저자, 역자, 『책 제목』, 출판사, 출판 연도, 쪽수.<br>예 클라우스 슈밥, 송경진 역, 『제4차산업혁명』, 새로운 현재, 251쪽.<br>　Alan, C. Smith trans. |
| 논문 | 국내 논문 | 저자, 「글 제목」, 『출처 서명』 권·호수, 학회 이름, 출판 연도, 쪽수.<br>예 손정수, 「식물이 자라는 속도로 글쓰기:한강론」, 『작가세계』 23(1), 작가세계, 2011, 59~80쪽.<br>예 지주현, 「나희덕 시에 나타난 생태여성주의적 특성」, 『한국문학이론과 비평』 52호, 한국문학이론과 비평학회, 2011, 111~120쪽. |
| | 국외 논문 | 저자(이름, 성). "글제목", 책제목 권호수, 출판사, 출판 연도, 페이지.<br>예 John Belton, "Digital Cinema:A False Revolution", *October* 100, MIT Press, 2002, pp. 98-114. |

| 논문 | 학위 논문 | 저자, 「논문 제목」, 학교 이름 학위 종류, 제출 년, 인용 쪽수.<br>예 배정수, 「의사결정나무 분석 기법을 활용한 고등학생 진로 결정수준 및 진로준비행동 결정요인우선순위 탐구」, 순천향대학교 박사학위 논문, 2014, 123쪽. |
|---|---|---|
| 페이지 표시 | | '쪽', '면', 'p', 'pp'(pp는 두 페이지 이상 인용할 경우)<br>예 48쪽. 37면. p. 26. pp. 63-65. |
| 재인용 | | 인용한 글의 원저자, 서명, 출판사, 출판 연도, 쪽수.(원저자의 글을 인용한 글의 출처와 '~에서 재인용' 표시)<br>예 김기림, 「현대시의 발전」, 『조선일보』, 1934. 7. 19.(간호배, 『초현실주의 시 연구』, 한국문화사, 2002, 13쪽에서 재인용) |
| 자료의 나열 | | 여러 개의 자료를 나열할 때, 각각의 문헌은 쌍반점(;)으로 구분하고 맨 끝에만 마침표를 찍는다.<br>예 이중적인 문체에 대해서는 남금희, 「다성적 문체의 특성과 기능」, 『울산어문논집』 12, 울산대국문과, 1997. 12 ; 황도경, 「존재의 이중성과 문체의 이중성」, 『현대소설연구』 1, 한국현대소설연구회, 1994. 8 참조. |
| 인터넷 자료 | | (필자), 「글 제목」, 『웹사이트나 웹진 이름』, 호수나 게재 연월(웹사이트 주소, 인용 자료를 확인한 날짜).<br>예 「주52시간제로 여가 시간 증가… 미디어 이용 61% 늘어」, 『MBC 뉴스』, 2020.2.2(https://imnews.imbc.com/news/2020/econo/article/5656545_32647.html 검색일: 2020. 2. 3 검색) |

※ 주석의 표기 방식은 해당 학문 분야 및 학회지의 규정을 참고하는 것이 가장 정확하며 바람직하다.

## 약식 주석

### 1) 바로 앞에 소개한 문헌을 다시 소개할 때: 'Ibid, 인용 쪽수'

- Ibid는 라틴어 ibidem(in the same place)의 약자
- '상게서', '위의 책', '위의 글'의 의미
- 영문일 경우 이탤릭체로 표기함

예 5) 존 스튜어트 밀, 서병훈 옮김, 『자유론』, 책세상, 2015, 161쪽.

6) 위의 책, 165쪽.

7) Erich, Fromm, *The Art of Loving*, New York: HarperPerennial, 2019, p. 19.

8) Ibid., pp. 45~48.


## 2) 앞에서 자료를 소개하고 그 사이에 다른 문헌을 소개한 경우 : '필자명, op. cit., 인용 쪽수'

■ op. cit.는 Opere citato의 약자

■ '전게서', '앞의 책', '앞의 논문'의 의미

■ 반복 인용하고자 하는 주석 다음에 다른 문헌에 관한 주석이 삽입되어 있거나, 한 페이지 또는 몇 페이지 앞에 완전 주석이 소개되었을 경우에 저자명 다음에 이 부호를 쓴다.

예 5) 존 스튜어트 밀, 서병훈 옮김, 『자유론』, 책세상, 2015, 161쪽.

6) Erich, Fromm, *The Art of Loving*, New York: HarperPerennial, 2019, p. 19.

7) 존 스튜어트 밀, 앞의 책, 78쪽.

8) Erich, Fromm. op. cit. pp. 45~48.


## 3) 완전히 동일한 주석 내용을 반복하여 소개하는 경우: 'Loc. cit.'

■ Loc. cit.는 Loco citato의 약자

■ '같은 곳'의 의미

■ 위에서 사용한 주석을 연달아 완전히 동일하게 반복할 때, 완전 주석을 대신해 간단히 표기하려고 이 부호를 쓴다. 주의할 점은 Loc. cit.를 사용할 경우 저자나 페이지 등을 곁들이지 않는다는 것이다.

예 존 스튜어트 밀, 서병훈 옮김, 『자유론』, 책세상, 2015, 161쪽.

6) 같은 곳.

7) Erich, Fromm, *The Art of Loving*, New York: HarperPerennial, 2019, p. 19.

8) Loc. cit.

# 주석 표기의 실제

## 외각주

기억을 통해 지금 여기서 불러내는 과거는 역사적 사건의 재현이자 무엇을 어떻게 기억할지를 만드는 창조적 활동이다. 과거를 기억하는 과정에는 "무엇을 헤아려야 하고 어떤 형태가 기억을 향유·재현하는 데 사용되어야 할지를 둘러싼 책략이"[38] 팽배하게 작용한다. 특정 상황을 기억하는 데 작용하는 복합적인 요인과 그 결과로 작용하는 효과를 세밀하게 살펴야 하는 이유는 이 때문이다.

---

38) 티아 데노라, 정우진 옮김, 『아도르노 그 이후』, 한길사, 2012, 168쪽.

강영미, 『정전, 검열, 기억』, 지식을 만드는 지식, 2019, 69~70쪽(인용의 역자명 위치 임의 변경).

## 내각주

실제로 어머니와 자식의 관계에서는 어머니의 일방적인 희생 또는 정상적이거나 절대적이라고 여기는 헌신이 아니라 어머니가 자식을 보살핌으로부터 기쁨을 얻어야 한다는 것이 중요하다. 만약 기쁨이 없는 보살핌이라면 그것은 '쓸모없고 기계적인 행위'에 그칠 뿐이다(엘리자베트 바댕테르, 2009: 310). 육아 과정에서 부모에게는 아주 복잡다단한 감정들이 발생한다. 그 안에는 의무의 감정도 즐거움의 감정도 섞여 있다.

이청, 「그림책 서사에 형상화된 모성의 의의」, 『한국융합인문학』, 2020, 2, 19쪽.

# 미주

이 지구상에서 10세 미만의 어린이가 5초마다 1명씩 기아로 사망한다. 이 같은 통계자료를 제공하는 FAO의 연례보고서에 따르면 지금 시점에서 세계의 농업 생산량은 "정상적이라면" 120억 명을 먹여 살릴 수 있다고 한다.[7] 그런데 2011년 현재 지구상에는 약 67억 명가량이 살고 있는 것으로 추산된다.

그렇다면 어떤 결론을 내려야 할까? 기아로 인한 죽음에는 어떠한 필연성도 없다. 기아로 죽는 어린아이는 살해당하는 것이다.

희망은 어디에 있는가?(하략)

1. 1972년부터 2010년까지의 기간 동안 사하라 사막 이남 아프리카에서 심각한 영양실조로 고통 받는 사람들의 숫자는 남녀노소를 모두 합해 8,200만 명에서 2억 200만 명으로 급증했다. 이 숫자는 그 이후로도 줄곧 증가 추세를 보인다.
2. 검은 아프리카를 통틀어 농사에 동원할 수 있는 동물들은 25만 마리 정도다.
3. 『르몽드 디플로마티크Le Monde diplomatique』, 2010년 1월호 참조.
4. 옥수수, 쌀, 밀을 가리켜 주식이라고 한다. 이 주식이 전 세계 식품 소비의 75퍼센트를 차지한다. 그중에서도 특히 쌀이 차지하는 비율은 50퍼센트에 이른다.
5. Heiner Flassbeck, 「Rapport CNUSED」, Genéve, 2008년 7월.
6. WFP의 1년 예산은 평균 60억 달러 정도였는데, 오늘날에는 이 액수가 36억 달러로 줄어들었다.
7. FAO, 「Report on Food insecurity in the World」, Rome, 2010년. "정상적이라면"은 성인 1명당 하루 2,700킬로칼로리를 뜻한다.

장 지글러, 유영미 옮김, 『왜 세계의 절반은 굶주리는가?』, 갈라파고스, 2016, 30∼31쪽.

## 내용주

이슬람교도가 인구의 과반을 차지하는 나라에서 어느 누구도 돼지고기를 먹어서는 안 된다고 선언하는 경우를 생각해 보자. 이것은 이슬람 국가에서는 새삼스러운 일이 아니다.[51] 대중 여론이 도덕적 권위를 내세워 그렇게 하는 것은 정당한 일인가? 그렇지 않다면 왜 그런가? 돼지고기를 먹는다는 것은 분명히 대중의 관습을 거역하는 것이다.

---

51) 이와 관련해 봄베이의 파르시 교도 경우가 흥미를 자아낸다. 부지런하고 경제적 능력이 뛰어난 이 종족은 페르시아의 조로아스터 교도들의 후예인데, 이슬람의 지배를 피해 조국을 떠나 인도 서쪽 지역에 도착했을 때 그곳에서 쇠고기를 먹지 않는다는 조건 아래 힌두교도들에게 받아들여졌다. 그 이후 이 지역이 이슬람교도들의 손에 떨어진 뒤, 이번에는 돼지고기를 먹지 않는다는 조건으로 계속 살 수 있게 되었다. 처음에는 권력자의 강압에 의해 시작했던 것이 시간이 지나면서 제2의 천성이 되었다. 그래서 그들은 오늘날까지 돼지고기와 쇠고기를 모두 먹지 않는다. 이 두 가지 금기는 종교에 의해 요구되지는 않지만 그들 종족 사이에서 관습으로 굳어진 것이다. 동방의 이런 나라에서는 관습이 곧 종교인 셈이다.

존 스튜어트 밀, 서병훈 옮김, 『자유론』, 책세상, 2015, 161쪽.

## 참조주

전근대 사회에서 소녀는 결혼하지 않은 여자가 스스로를 낮추어 부르는 말인 소저(小姐)와 동일하게 사용되었다. 그러나 고어(古語) 사전에서 소녀라는 단어를 찾을 수 없으며, 1920년대 이전에 활발히 쓰이지 않았다는 점에서 소녀는 중세봉건 사회에서 근대 사회로 이행하는 과정에서 탄생한 말로 볼 수 있다.[4]

---

4) 최배은, 『한국 근대 청소년소설의 정치적 무의식』, 박문사, 2016, 397쪽.

김은하, 「소녀란 무엇인가」, 조혜영 엮음, 『소녀들: K-pop 스크린 광장』, 여이연, 2017, 31쪽.

주석 표기 자료를 인용할 때 잊지 마세요

# 할 수 있다, 프레젠테이션!

글을 쓴 후 그 글을 바탕으로 프레젠테이션(Presentation)을 하는 경우도 많다. 프레젠테이션은 자신이 의도한 바를 인터넷이나 컴퓨터 기기 등을 이용해 청중에게 전달하는 발표 방식이다. 최근에는 기업을 비롯해 공공기관, 학교에서 거의 모든 발표를 프레젠테이션의 방식으로 진행하고 있다. 그러므로 프레젠테이션 원고의 작성과 발표 요령을 익혀 두는 것이 필요하다. 프레젠테이션은 기본적으로 말하기와 듣기의 영역에 속한다는 점에서 읽고 쓰는 영역에 더 가까운 글쓰기와는 구별된다. 그러나 글쓰기에 독자가 있듯 프레젠테이션 상황에서는 청자가 있고, 자신의 생각을 명확하게 그리고 설득적으로 전달해야 한다는 점에서는 유사점도 많다.

프레젠테이션에 사용하는 소프트웨어는 파워포인트를 비롯해 구글 독스, 어도비 아크로뱃, 키노트, 한쇼 등 매우 다양하다. 파워포인트는 자료를 오디오, 동영상 형태로 활용하거나 도표화하기 쉬워 프레젠테이션에 효과적이다. 슬라이드 문서는 워드프로세서나 스프레드시트 문서와는 달리 디자인을 중시한다. 슬라이드 문서의 3요소는 '최대한 관심을 크게 끌 수 있는 매력적인 이미지, 간결하고 분명한 메시지, 이미지와 텍스트를 어울리게 하는 적절한 여백'이다. 슬라이드에서 이미지는 보조적 수단이 아닌 핵심 장치이며 백 마디 말보다 한 장의 강력한 이미지가 전달하는 힘이 더 크다.[1]

---

1 구글의 이미지 검색 도구를 활용할 수 있다. 구글은 크기별, 색깔별로 이미지를 검색하여 자신에게 맞는 참신하고 화질 좋은 이미지를 찾을 수 있도록 도와 준다. 상업용 인쇄물에 삽입하거나 불특정 다수를 대상으로 배포하지 않는다면, 일회적인 프레젠테이션 용도로 사용하는 이미

본격적으로 발표 프레젠테이션의 슬라이드 화면을 구성할 때 첫 장인 표지에서 제목과 부제, 발표자 또는 조원 이름, 발표일 등을 밝힌다. 제목은 간결하고 인상적인 것으로 선택하는 것이 좋다. 글자 포인트는 제목 47pt, 부제 36pt, 발표자 이름 등은 24pt 정도가 일반적인 기준이다. 폰트 등은 너무 여러 종류를 사용하는 것보다 기본과 포인트 두 가지 정도면 적절하다. 기본 폰트를 정했다면 그 발표 자료 안에서는 통일한다.

제목 다음은 목차다. 세부 목차보다 굵직한 내용 위주로 목차를 짜야 청중의 눈에 더 잘 들어온다. 목차 다음부터 본문이다. 본문 화면은 줄글의 서술보다 눈에 띄는 이미지와 키워드 중심으로 구성해야 한다. 특히 현황이나 통계를 제시할 경우 도표나 그래프와 같은 시각적 전달 방식이 효과적이다. 그렇다고 애니메이션 효과 등을 지나치게 사용하는 것은 금한다. 너무 자주, 너무 많은 시청각 요소를 사용하면 청중의 집중력이 흐트러진다. 시청각 요소의 적절한 정도는 청중의 성향이나 발표 현장의 성격에 따라 조절하는 것이 좋다.

프레젠테이션의 핵심은 발표자의 목소리지 화면에 띄운 글자나 그림이 아니다. 파워포인트는 한 장의 슬라이드에 하나의 생각만을 담는 것이 기본 원칙이다. 또한 장의 화면에는 가로 8단어 세로 8줄 정도의 내용이 적당하다. 이를 8×8법칙이라고 부른다. 이 정도 이하의 글자로 화면을 구성해야 가독성을 높이고 청중이 발표를 받아들이기에 무리가 없다.

또 슬라이드 한 장을 발표하는데 1분을 넘기지 않는 것이 좋다. 파워포인트 문서를 만들 때 너무 많은 색깔을 사용하면 오히려 보기에 좋지 않다. 기본적으로 2가지 많아도 3가지 정도가 적당하다. 중요한 부분은 짙게, 참고 사항은 조금 흐리게 처리한다. 화면 구성이 전반적으로 너무 정적으로 전개된다면 프레지를 활용하여 보완할 수 있다.[2]

---

지의 저작권 문제는 크게 걱정하지 않아도 된다. 또 간단한 이미지 편집 프로그램의 사용법을 배운다면 이미지 선택의 폭이 훨씬 넓어진다는 점도 참고하자.

2 프레지(https://prezi.com)는 클라우드 기반의 프레젠테이션 도구다. 프레지는 무료 소프트웨어로 다양한 디자인과 역동적인 움직임을 손쉽게 처리할 수 있는 장치다. 학교 이메일을 아이

프레젠테이션에 앞서 연습을 거듭하는 것은 중요한 과정이다. 연습을 충분히 많이 하면 자신감이 생겨 긴장을 덜 수 있다. 청중에게 프레젠테이션의 목적을 밝히기 위해 자신의 발표 목적과 내용을 숙지해야 한다. 발표자가 화면만을 보거나 자료를 보고 내용을 읽는다면 청중은 그 발표에 흥미를 잃게 된다. 되도록 청중을 향해 이야기하듯이 내용을 전달해야 효과적이며 여러 사람에게 골고루 시선을 주도록 해야 한다.

정확한 발음이나 말하는 속도, 어조 등도 신경을 쓸 부분이다. 발표 전에 연습을 하면서 녹음을 하거나 촬영을 해 보는 것도 요령이다. 자신의 목소리가 너무 크거나 작지 않은지, 너무 빠르거나 느리지 않은지, 목소리 톤의 변화 없이 단조롭게 문서를 읽거나 읊듯이 이야기하지 않는지를 점검한다.

비언어적 요소인 표정이나 손짓, 몸짓 그리고 복장 등도 발표에 영향을 준다. 자신의 습관은 객관적으로 파악하기 어렵다. 발표에 자신이 없다면 자신의 발표 영상을 미리 촬영해 고개를 한쪽으로만 숙이거나, 상체를 삐딱하게 기울이거나, 짝다리를 짚거나 부자연스러운 제스처를 하지는 않는지, 시선 처리가 어색하지 않은지 등을 먼저 확인하는 것이 도움이 된다. 더불어 지나치게 편안한 복장(예를 들면 민소매 옷에 슬리퍼를 신는 등)보다는 이 발표를 위해 신경을 썼음을 보여 줄 정도로 단정한 태도와 복장을 갖추는 것도 필요하다.

청중은 발표 내용이 너무 어려우면 지루하게 느끼고, 너무 쉬우면 외면한다. 발표 목적을 달성하기 위해 청중의 반응을 예상하며 다양한 내용과 표현을 준비하는 것이 좋다. 준비한 모든 것을 상세히 전달할 수 없으므로 핵심만 효과적으로 전달하기 위해 최상의 슬라이드 구성을 어떻게 할지 고민해야 한다. 발표 시공간 안에서 청중의 성향에 따라 임기응변을 발휘할 수 있어야 성공적으로 발표를 마칠 수 있기 때문이다.

발표하는 시간이나 공간에 대한 정보를 미리 파악하고 마이크나 포인터 등을

---

디로 가입하면 교육용 혜택을 제공받을 수 있고, 익스플로러보다 크롬 브라우저로 실행하는 것이 더 안정적이다. 프레지를 쉽게 배우려면 해당 강좌의 블로그나 유튜브를 검색할 수도 있고, 동영상 가이드(https://prezi.com/support/)를 이용할 수도 있다.

준비하는 것도 중요하다. 마지막으로 아무리 가까운 친구들 앞에서 발표를 하는 경우라도 발표 행위 자체가 공적인 것이므로 반말을 하거나 장난스러운 태도를 취하지 않도록 한다. 발표자가 청중을 존중하고 예의를 다해 대할 때, 청중 역시 발표자의 말에 귀를 기울인다는 점을 명심하자.

# 04

**자료 검색** 스마트 검색법

## 구글링 팁[1]

| | |
|---|---|
| **반드시 포함될 단어/문장을 지정하기** | 검색어의 처음과 끝에 큰따옴표(" ")를 입력하면 해당 단어나 문장이 반드시 포함된 사이트만 검색할 수 있습니다.<br>예 ""강남 스타일""을 구글 검색어 창에 입력하면 정확히 강남 스타일이 표시된 검색어만 보여 줍니다. |
| **제외할 검색어를 지정하기** | 검색어 앞에 마이너스(−)를 입력하면 해당 검색어를 제외한 결과를 표시합니다.<br>예 '갤럭시 −아이폰'을 구글 검색어 창에 입력하면 아이폰을 제외한 갤럭시에 대한 검색 결과를 표시해 줍니다. |
| **유의어를 검색하기** | 검색어 앞에 물결 표시(~)를 입력하면 검색어와 유의한 의미를 가진 자료를 보여 줍니다.<br>예 '~저렴한 맛집'을 구글 검색어 창에 입력하면 저렴한과 비슷한 의미를 가진 여러 가지 검색어를 같이 보여 줍니다. |

---

1 「구글링 잘하는 법…'이것만 알면 끝!'」, 『연합뉴스』, 2016. 5. 13, https://www.yna.co.kr/view/MYH20160513004000797?input=1197m, (2020. 3. 4 접속) 참고.

| | |
|---|---|
| 단어의 정의를 검색하기 | 검색어 앞에 define:을 입력 후에 검색하면 해당 검색어의 정의를 보여 줍니다. <br><br> 예 'define:우주'를 검색하면 가장 상단에 우주에 대한 사전적 정의를 보여 줍니다. |
| 계산기 | 단순한 사칙연산 및 수식을 입력하면 계산기가 수식을 계산하여 줍니다. 또한 'answer to life the universe and everything =(삶, 우주, 그리고 모든 것에 대한 해답)'을 입력하면 '42'라는 결과가 표시됩니다. 이는 『은하수를 여행하는 히치하이커를 위한 안내서』라는 작품에 나오는 결과로 이스터에그입니다. <br><br> 예 '1+2+3+4+5='를 검색하면 가장 상단에 해당 수식의 해답을 보여 줍니다. |
| 빈 칸 채우기 | 정확한 검색어가 떠오르지 않을 때에는 문장 사이에 별표(*)를 입력하면 빈 자리를 채워서 결과를 표시해 줍니다. <br><br> 예 '아인슈타인 * 이론'을 검색하면 아이슈타인의 이론인 상대성이론을 같이 표시하여 줍니다. |
| 환율 및 단위 변환 | 환율 및 단위를 변환할 때에는 이퀄(=)을 사용하면 편리합니다. <br><br> 예 '1달러=?원'을 검색하면 현재 환율에 따른 1달러에 대한 원화를 보여 줍니다. |
| 날씨 검색 | 검색어에 지역명과 날씨를 검색하면 날씨를 표시해 줍니다. <br><br> 예 '의정부 날씨'를 검색하면 현재 의정부 지역의 날씨를 검색하여 줍니다. |
| 숫자의 범위 지정하기 | 검색할 숫자 사이에 마침표 두 개를 입력하여 검색하면 숫자 범위 내의 검색 결과를 보여 줍니다. 단순 숫자뿐만 아니라 단위 역시 가능합니다. <br><br> 예 '2010년..2012년 선물'을 검색하면 2010년~2012년과 선물이 포함된 검색어를 보여 줍니다. |

| | |
|---|---|
| **두 단어 중 아무거나 검색하기** | 검색하고 싶은 두 단어 사이에 or을 입력하면 두 단어 중 둘 중 하나라도 있는 검색결과를 표시하여 줍니다.<br>**예** '미국 or 영국'을 검색하면 미국 또는 영국이 포함된 검색결과를 보여 줍니다. |
| **특정 사이트 이내에서만 검색하기** | 검색하고 싶은 자료를 특정 사이트 이내에서만 한정하고자 할 때에는 'site:주소'를 입력 후에 검색하면 해당 사이트 이내에서만 검색이 됩니다.<br>**예** 'site:plus.google.com 한국'을 검색하면 구글플러스 내에서 '한국'이라는 글자가 포함된 검색결과를 보여 줍니다. |
| **고급검색 이용하기** | 고급검색을 이용하면 좀 더 편리하게 사용할 수 있습니다. |
| **특정 종류의 파일만 검색하기** | 구글은 HTML 콘텐츠만을 배타적으로 검색하지는 않습니다. 찾고자 하는 것을 입력하고 끝에 filetype:tag를 추가합니다.<br>**예** 'filyetype:doc'를 추가하면 결과에 .doc 파일들만 검색됩니다.<br>이 검색 기능은 PDF, 마이크로소프트 오피스 파일, 쇼크웨이브 플래시(Shockwave Flash) 등을 지원합니다. |

| | 저자 | 도서명 | 출판사 | 출판연도 |
|---|---|---|---|---|
| 1 | 임홍택 | 90년생이 온다 | 웨일북 | 2018 |
| 2 | 신영복 | 강의 | 돌베개 | 2004 |
| 3 | 베르나르 스티글레르 · 아리엘 키루 | 고용은 끝났다, 일이여 오라! | 문학과지성사 | 2018 |
| 4 | 슈테판 츠바이크 | 광기와 우연의 역사 | 휴머니스트 | 2004 |
| 5 | 니코스 카잔차키스 | 그리스인 조르바 | 열린책들 | 2009 |
| 6 | 엔젤라 더크워스 | 그릿 | 비즈니스북스 | 2019 |
| 7 | 로이스 로리 | 기억전달자 | 비룡소 | 2007 |
| 8 | 김대식 | 김대식의 인간 vs 기계 | 동아시아 | 2016 |
| 9 | 오르한 파묵 | 내 이름은 빨강 | 민음사 | 2019 |
| 10 | 리처스 H. 탈러 · 캐스 R. 선스타인 | 넛지 | 리더스북 | 2018 |
| 11 | 공자 | 논어 | 휴머니스트 | 2019 |
| 12 | 레이먼드 카버 | 대성당 | 문학동네 | 2019 |
| 13 | 다치바나 다카시 | 도쿄대생은 바보가 되었는가 | 청어람미디어 | 2002 |
| 14 | 이재국 | 디자인문화론 | 안그라픽스 | 2013 |
| 15 | 홍성수 | 말이 칼이 될 때 | 어크로스 | 2018 |
| 16 | 올더스 헉슬리 | 멋진 신세계 | 문예출판사 | 2018 |
| 17 | 미하이 칙센트미하이 | 몰입의 즐거움 | 해냄 | 2007 |

| | 저자 | 도서명 | 출판사 | 출판<br>연도 |
|---|---|---|---|---|
| 18 | 김승옥 | 무진기행 | 문학동네 | 2004 |
| 19 | 아르놀트 하우저 | 문학과 예술의 사회사 | 창비 | 2016 |
| 20 | 기시미 이치로 외 | 미움받을 용기 | 인플루엔셜 | 2014 |
| 21 | 진중권 | 미학 오디세이 | 휴머니스트 | 2014 |
| 22 | 프란츠 카프카 | 변신 | 문학동네 | 2005 |
| 23 | 놈 촘스키 | 불평등의 이유 | 이데아 | 2018 |
| 24 | 유발 하라리 | 사피엔스 | 김영사 | 2015 |
| 25 | 마이클 로이젠 ·<br>메멧 오즈 | 새로 만든 내 몸 사용설명서 | 김영사 | 2014 |
| 26 | 리처드 니스벳 | 생각의 지도 | 김영사 | 2004 |
| 27 | 에른스트 H. 곰브리치 | 서양미술사 | 예경 | 2013 |
| 28 | 김지혜 | 선량한 차별주의자 | 창비 | 2019 |
| 29 | 로버트 치알디니 | 설득의 심리학 | 21세기북스 | 2019 |
| 30 | 손무 | 손자병법 | 휴머니스트 | 2016 |
| 31 | 테드 창 | 숨 | 엘리 | 2019 |
| 32 | SBS 스브스뉴스팀 | 스브스뉴스 | 책읽는섬 | 2016 |
| 33 | 단테 알리기에리 | 신곡 | 열린책들 | 2009 |
| 34 | 피터 싱어 | 실천윤리학 | 연암서가 | 2013 |
| 35 | 김승섭 | 아픔이 길이 되려면 | 동아시아 | 2017 |
| 36 | 유현준 | 어디서 살 것인가 | 을유문화사 | 2018 |
| 37 | 이지성 | 에이트 | 차이정원 | 2019 |
| 38 | 제러미 리프킨 | 엔트로피 | 세종연구원 | 2015 |
| 39 | 에드워드 H. 카 | 역사란 무엇인가 | 까치 | 2015 |
| 40 | 정재승 | 열두 발자국 | 어크로스 | 2018 |
| 41 | 채사장 | 열한 계단 | 웨일북 | 2016 |
| 42 | 한나 아렌트 | 예루살렘의 아이히만 | 한길사 | 2006 |
| 43 | 헬레나 노르베리 호지 | 오래된 미래 | 중앙북스 | 2015 |

부록 끝난 줄 알았죠? 부록도 있어요

| | 저자 | 도서명 | 출판사 | 출판<br>연도 |
|---|---|---|---|---|
| 44 | 에드워드 W. 사이드 | 오리엔탈리즘 | 교보문고 | 2015 |
| 45 | 장 지글러 | 왜 세계의 절반은 굶주리는가 | 갈라파고스 | 2016 |
| 46 | F. 스콧 피츠제럴드 | 위대한 개츠비 | 문학동네 | 2020 |
| 47 | 랜들 먼로 | 위험한 과학책 | 시공사 | 2015 |
| 48 | 토마스 모어 | 유토피아 | 서해문집 | 2005 |
| 49 | 프리모 레비 | 이것이 인간인가 | 돌베개 | 2007 |
| 50 | 리처드 도킨스 | 이기적 유전자 | 을유문화사 | 2018 |
| 51 | 알베르 카뮈 | 이방인 | 민음사 | 2011 |
| 52 | 제임스 D. 왓슨 | 이중나선 | 궁리 | 2006 |
| 53 | 존 스튜어트 밀 | 자유론 | 책세상 | 2015 |
| 54 | 마이클 센델 | 정의란 무엇인가 | 와이즈베리 | 2014 |
| 55 | 클라우스 슈밥 | 제4차산업혁명 | 새로운현재 | 2016 |
| 56 | 도스토예프스키 | 죄와 벌 | 열린책들 | 2009 |
| 57 | 밀란 쿤데라 | 참을 수 없는 존재의 가벼움 | 민음사 | 2018 |
| 58 | 앙투안 갈랑 엮음 | 천일야화 | 열린책들 | 2019 |
| 59 | 강신주 | 철학이 필요한 시간 | 사계절 | 2011 |
| 60 | 재레드 다이아몬드 | 총, 균, 쇠 | 문학사상사 | 2013 |
| 61 | 유경희 | 치유의 미술관 | 아트북스 | 2015 |
| 62 | 레이첼 카슨 | 침묵의 봄 | 에코리브르 | 2011 |
| 63 | 칼 세이건 | 코스모스 | 사이언스북스 | 2006 |
| 64 | 수전 손택 | 타인의 고통 | 이후 | 2004 |
| 65 | 제러미 벤담 | 파놉티콘 | 책세상 | 2019 |
| 66 | 한스 로슬링 외 | 팩트풀니스 | 김영사 | 2019 |
| 67 | 최인철 | 프레임 | 21세기북스 | 2016 |
| 68 | 제러미 리프킨 | 한계비용 제로 사회 | 민음사 | 2014 |
| 69 | 위화 | 허삼관 매혈기 | 푸른숲 | 2007 |
| 70 | 요한 하위징아 | 호모 루덴스 | 연암서가 | 2010 |